HISTOIRE ANCIENNE

PROPRIÉTÉ DE

ALLIANCE DES MAISONS D'ÉDUCATION CHRÉTIENNE

ABBÉ MOUGENOT

PROFESSEUR AU COLLÈGE DE LA MALGRANGE

HISTOIRE ANCIENNE

DES PEUPLES DE L'ORIENT

ASSYRIENS ET BABYLONIENS

ÉGYPTIENS — MÈDES ET PERSES — PHÉNICIENS

Édition contenant 18 gravures et 5 cartes

PARIS

LIBRAIRIE CH. POUSSIELGUE

RUE CASSETTE, 15

1895

AVERTISSEMENT

J'ai dicté longtemps ce résumé d'histoire ancienne à des élèves de *Sixième* : je ne crois pas y avoir mis rien qui dépasse l'intelligence d'enfants de cette classe. Je me suis efforcé surtout de faire un *manuel* capable d'être facilement compris et d'être, dans le cours d'une année scolaire, facilement étudié.

J'ai voulu ajouter au bas des pages le moins de notes possible. Aussi, je le dis une fois pour toutes : MM. Lenormant et Maspero ; M. J. Ménant ; l'*Histoire de l'art dans l'antiquité*, par Perrot et Chipiez, m'ont fourni le fond principal de ce livre. Les ouvrages de M. l'abbé Gagnol, de M. R. Peyre, professeur au collège Stanislas, m'ont guidé dans le choix des matières : j'ai désiré seulement être plus court qu'ils ne l'ont été.

J'ai laissé de côté les vieilles légendes que les historiens grecs, Hérodote, Ctésias, Diodore de Sicile, nous ont transmises sur l'Assyrie, l'Égypte, la Perse : cela m'a paru nécessaire pour un petit livre où l'on peut mettre à peine quelques lignes d'une histoire immense, sans cesse agrandie par les découvertes modernes.

Puisse cet humble travail faire aimer des élèves de *Sixième* l'étude d'un passé admirable, qui nous montre l'homme si puissant à son origine même.

INTRODUCTION

L'histoire ancienne commence au paradis terrestre, où l'homme apparait doué d'une intelligence parfaite.

Malgré la chute primitive, cette intelligence conserva ses qualités et ses connaissances principales. Aussi voyons-nous, dès l'origine, Caïn bâtir une cité; de ses enfants, les uns inventer les instruments de musique, les autres se rendre célèbres dans l'art de travailler les métaux, l'airain et le fer. Plus tard, Noé sut diriger et parfaire la construction d'un grand navire, l'arche. L'état de l'humanité, dès le commencement et jusqu'au déluge, était donc bien au-dessus de l'état sauvage.

Quand se produisit le cataclysme qui renouvela le monde, Noé et ses fils purent transmettre aux peuples qui devaient naître d'eux une somme de connaissances plus considérable que nous ne nous l'imaginons.

Il faut, ce me semble, chercher dans ces faits rapportés par la Bible l'explication, du moins partielle, du développement rapide de la civilisation chez ces peuples dont l'histoire remonte au déluge. Parmi eux, la *Genèse* nous raconte les débuts des seuls Assyriens et Babyloniens. Si les monuments laissés par eux ne sont pas aussi anciens que ceux de l'Égypte, il n'en est pas moins incontestable qu'ils eurent une civilisation très précoce.

A côté d'eux se placent les Égyptiens, peuple étonnant, dès les temps les plus reculés, par la perfection de ses connaissances et de ses œuvres.

Longtemps après apparaissent les Mèdes et les Perses, les Phéniciens. Ils ne sont déjà plus que les héritiers de leurs devanciers; mais l'étude de leur histoire s'impose, soit à cause de leur influence militaire ou commerciale, soit à cause de leurs étroites relations avec les Juifs, le peuple élu de Dieu.

Les Juifs, à cause de l'importance de leur histoire, méritent une étude plus complète : pour ce motif, ils ne peuvent entrer dans le cadre étroit de ce résumé.

Nous diviserons donc ce petit livre en quatre parties :

Ire partie. — Histoire des Assyriens et des Babyloniens.

IIe partie. — Histoire des Égyptiens.

IIIe partie. — Histoire des Mèdes et des Perses.

IVe partie. — Histoire des Phéniciens.

HISTOIRE ANCIENNE

PREMIÈRE PARTIE

ASSYRIENS ET BABYLONIENS

CHAPITRE I

NOTIONS PRÉLIMINAIRES

I. — Géographie. — Description du pays.

L'immense plaine arrosée par le Tigre et l'Euphrate, où se fondèrent les deux empires d'Assyrie et de Babylonie, n'a de limites bien déterminées qu'au nord, à l'est et au sud : au nord, les monts de l'Arménie (*Taurus*); à l'est, la chaîne des monts Zagros (*Elvend*); au sud, le golfe Persique. Au sud-est, elle confine aux premières et vagues ondulations du plateau arabique; mais à l'ouest elle se perd dans le désert de Syrie. Dans les temps antiques, cette plaine prenait dans ses différentes parties des noms divers :

Au nord-est, sur les deux rives du haut Tigre, était l'**Assyrie**, voisine des montagnes, et, pour ce motif, jouissant d'un climat moins brûlant que le reste de la plaine. Le sol, fertile en général, rocailleux à l'ouest du Tigre, produisait la vigne et les céréales.

Dans la boucle formée par le Tigre et l'Euphrate, du Taurus au centre de la plaine, s'étend la **Mésopotamie** (pays entre les fleuves). A l'ouest, elle se rapproche de la Phénicie et de la vallée de l'Oronte, offrant ainsi aux conquérants venant de Ninive ou de Babylone le moyen de tourner le désert de Syrie et de se jeter sur la Phénicie, les pays de Chanaan, et de là sur l'Égypte.

Au sud de la Mésopotamie, les deux fleuves se rapprochent : là commence la **Babylonie** ou **Chaldée.** Plus basse que la Mésopotamie, puisqu'elle a été formée d'alluvions, elle n'avait d'autre arbre que le dattier; mais son sol excessivement fertile produisait en abondance les céréales : blé, orge, etc. La pierre y fait totalement défaut, comme en Mésopotamie.

Enfin à l'est de la Babylonie, se trouve la **Susiane** ou **pays d'Élam**, plaine basse d'abord, dont le sol s'élève peu à peu par larges gradins jusqu'à la hauteur du plateau de l'Iran. Les montagnes du nord étaient couvertes de riches forêts, qui ont fourni aux rois perses les matériaux nécessaires à la toiture de leurs palais. Froide dans la partie montagneuse, la Susiane a un climat brûlant dans la région qui longe le Tigre et le golfe Persique.

II. — Climat.

Le climat de cette grande plaine subissait et subit encore des variations extrêmes. Quand, en hiver, soufflent les vents du Nord, qui se refroidissent encore à leur passage sur les sommets glacés de l'Arménie et de l'Iran, la température se maintient assez basse : il gèle parfois, même en Chaldée, où une mince couche de glace, qui fond au jour, recouvre les eaux tranquilles. Mais, en été, les vents venant d'Arabie occasionnent des chaleurs excessives, surtout en Babylonie et dans la partie basse de la Susiane. Les pluies sont très rares; aussi avait-on dû, dès les temps anciens, faire de grands travaux pour profiter des eaux des

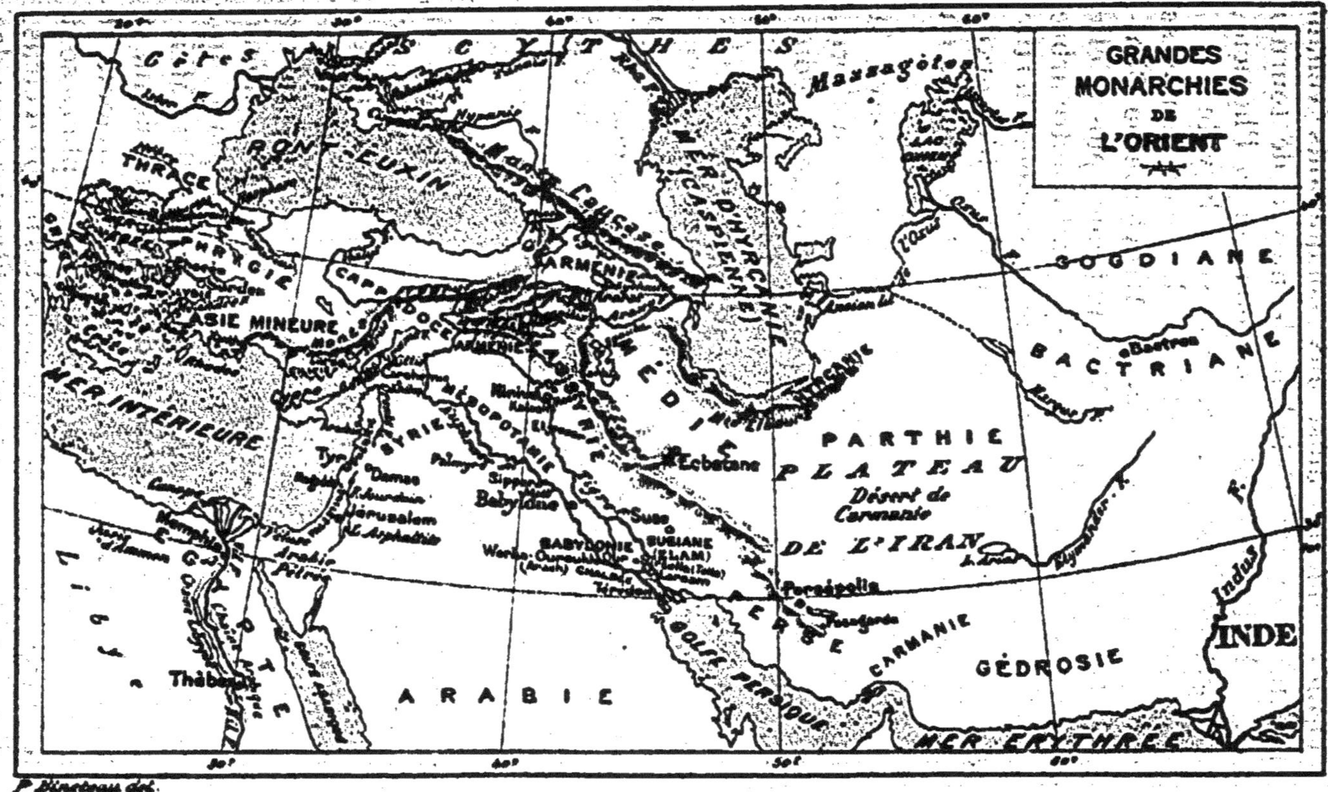
GRANDES MONARCHIES DE L'ORIENT
SCYTHES
Gètes
Massagètes
PONT-EUXIN
THRACE
PHRYGIE
ASIE MINEURE
CAPPADOCE
ARMÉNIE
MER D'HYRCANIE (CASPIENNE)
SOGDIANE
BACTRIANE
Bactres
MÉDIE
ASSYRIE
MÉSOPOTAMIE
SYRIE
PARTHIE
PLATEAU DE L'IRAN
Désert de Carmanie
Ecbatane
Tyr
Damas
Jérusalem
Palmyre
Sippara
Babylone
Suse
BABYLONIE
SUSIANE (ÉLAM)
Persépolis
PERSE
CARMANIE
GÉDROSIE
INDE
Indus
MER INTÉRIEURE
Memphis
Thèbes
ÉGYPTE
Libye
ARABIE
Arabie Pétrée
GOLFE PERSIQUE
MER ÉRYTHRÉE
P. Dinetoux del.

deux fleuves et arroser des terres qui autrement seraient restées arides.

III. — Le Tigre et l'Euphrate.

Ces fleuves prennent leur source dans le massif d'Arménie; l'Euphrate et le Tigre sortent des monts Niphatès : le premier, au nord du lac Thospitis (lac *Van*), non loin de l'Ararat. Leur cours, encombré de bancs de sable, devient cependant assez vite navigable. Autrefois ils se jetaient dans le golfe Persique, à peu près à vingt lieues l'un de l'autre; mais les alluvions charriées par leurs eaux, comblant le golfe, les ont amenés à se rapprocher d'abord, puis à se réunir en un seul fleuve, le Shat-el-arab. Actuellement encore la mer recule de plus d'un kilomètre en cinquante ans.

Leurs débordements. — Au printemps, les neiges du plateau arménien se fondent; le Tigre et surtout l'Euphrate débordent, se répandant au loin sur la campagne environnante, qu'ils fertilisent comme le Nil fertilise l'Egypte; ils ne rentrent dans leur lit qu'en été.

Primitivement les eaux, laissées à elles-mêmes, engendraient dans les parties basses des marais malsains. Mais les habitants, par des digues, fixèrent le cours des deux fleuves; des canaux allant parfois d'un fleuve à l'autre conduisirent partout les eaux d'arrosage et firent de ce pays une région très fertile.

Aujourd'hui digues et canaux ont disparu. En dehors des villes et de leurs jardins, l'immense plaine n'est plus qu'un désert aride ou marécageux, où des tribus d'Arabes pillards font paître leurs troupeaux. Les abords des cours d'eau sont souvent encombrés de fourrés d'arbustes qui servent de repaires aux bêtes fauves.

IV. — Fouilles. — Inscriptions.

Il y a cinquante ans à peine, on n'avait, pour faire l'histoire des Assyriens et des Babyloniens, que les récits légendaires des Grecs et les données très incomplètes du prêtre chaldéen Bérose et de la Bible.

En 1842, M. Botta, consul de France à Mossoul, et trois ans après, l'Anglais Layard, commencèrent à *Khorsabad* et à Ninive des fouilles qui amenèrent d'importantes découvertes. Dans les ruines des palais royaux, on trouva une grande quantité d'inscriptions sur les murs, les statues, les bas-reliefs, sur des prismes et des barillets d'argile [1].

Déjà, vers 1836, Grotefend et Lassen en Allemagne, Burnouf en France, avaient déchiffré avec certitude les inscriptions perses des ruines de Persépolis, écrites, comme celles d'Assyrie, en caractères cunéiformes. Grâce à leurs études, les savants allemands, anglais, français, firent de rapides progrès dans la lecture des inscriptions assyriennes. Une épreuve décisive eut lieu à Londres. On remit à quatre orientalistes la copie d'une inscription inédite : leurs traductions, faites séparément, furent trouvées à peu près identiques, et on ne put dès lors nier la valeur des travaux accomplis sur les textes cunéiformes. C'est à l'aide des nombreux documents amassés par les assyriologues que l'on a pu reconstituer une grande partie de l'histoire d'Assyrie.

En Babylonie, les découvertes ont été moins rapides. Commencées à Babylone en 1851, les fouilles furent reprises vers 1870 par les Anglais et continuées avec grand succès sur divers points de la Chaldée (1878) par le consul de France à Bassora, M. de Sarzec. L'histoire de la Babylonie,

[1] Prisme de Sennachérib (Musée britannique). — Baril historique de Sargon (Musée du Louvre).

grâce à ces travaux, a pu être faite avec quelque suite.

V. — Division de l'histoire des Assyriens et Babyloniens.

Pour faciliter l'étude de cet abrégé historique et en mieux classer les événements, il semble utile de diviser l'histoire des Assyriens et des Babyloniens en quatre parties :

1re *Partie : Vieil empire chaldéen*, qui s'étend des temps proches du déluge jusqu'au XVIe siècle avant Jésus-Christ.

2e *Partie : Premier empire d'Assyrie* (1314-788).

3e *Partie : Second empire d'Assyrie* (744-625).

4e *Partie : Nouvel empire chaldéen* (625-536).

CHAPITRE II

VIEIL EMPIRE CHALDÉEN

I. — Fondation des empires chaldéen, assyrien, susien.

L'histoire des Assyriens et Babyloniens commence aussitôt après le déluge, à la dispersion des peuples qui suivit, à Babel, la confusion des langues.

« La terre avait alors un seul langage. Des hommes, partis de l'Orient, trouvèrent une grande plaine dans la terre de Sennaar (*Mésopotamie*) et s'y établirent. Puis ils se dirent l'un à l'autre : Venez, faisons-nous une ville et une tour, dont le sommet atteigne le ciel, et glorifions notre nom avant de nous disperser sur la terre. Mais Dieu confondit leur langage, de sorte que, ne se comprenant plus, ils furent forcés de se disperser avant d'avoir achevé leur ouvrage. C'est pourquoi le nom de ce lieu fut *Babel* ou *confusion*. » (*Genèse*, XI, 1 et suiv.)

Empire chaldéen. — Une famille resta dans le pays. Elle avait pour chef Nemrod, fils de Chus, fils lui-même de Cham. « Nemrod commença à être puissant sur la terre. Les villes principales de son empire furent Babylone, Arach, Achad, et Chalanné dans la terre de Sennaar (Sud). » (*Genèse*, x, 8.)

Empire assyrien. — Des descendants de Sem s'étaient mêlés à ces Chouschites dans le royaume de Nemrod. Bientôt, sous la conduite d'Assur, fils de Sem, ils quittèrent la basse Chaldée (*Genèse*, x, 11), remontèrent le Tigre et bâtirent Ninive et Resen, entre Ninive et Kalack.

C'est ainsi que la Bible raconte la fondation des deux grandes villes et des deux grands empires de la terre de Sennaar.

Empire susien. — Un peu après s'établissaient en Susiane les Élamites, auxquels s'étaient mêlées des tribus chouschites et touraniennes; ils eurent Suse pour capitale.

II. — Langue. — Civilisation de Babylonie et d'Assyrie.

Les tribus sémites, parties sous la conduite d'Assur pour fonder Ninive, ayant habité un assez long temps parmi les populations chouschites du Sud, il n'est pas étonnant que Ninive et Babylone aient eu la même civilisation, aient parlé la même langue, employé la même écriture, pratiqué presque le même culte.

III. — Organisation du vieil empire chaldéen. — Principaux rois.

L'histoire de ces temps reculés est encore bien obscure. Cependant il est à peu près certain qu'après Nemrod, la Chaldée était divisée en plusieurs petits royaumes, dont les principaux avaient pour capitales **Our**, de laquelle dépendaient les rois-prêtres ou *Patési* de **Sirtella**, puis **Agadé** et **Babylone**. Chacune de ces villes avait son roi, tour à tour vassal ou dominateur des rois voisins. Les plus connus d'entre eux sont :

Orkham, roi d'Our, qui régna sur toute la Chaldée. Il bâtit des temples de proportions gigantesques : les ruines du plus grand d'entre eux, la pyramide d'Ourouck, forment un monticule de 35 mètres de haut.

Our, d'où sortit Abraham, était située sur l'Euphrate et faisait un commerce très actif. Elle possédait un temple célèbre, consacré à *Sin*, le dieu-lune.

Goudéah, un des successeurs d'Orkham, roi savant, dont les statues, retrouvées à Tello, sont au Louvre : deux d'entre elles le représentent, non avec les attributs royaux, mais avec la règle et le compas de l'architecte.

Sargon Ier (XXe *s. av. J.-C.*) ou l'Ancien, régnait à Agadé. Il chassa de Chaldée les Elamites, qui avaient étendu leur domination jusqu'en Syrie. C'est un de ces rois élamites, Chodor-Lahomor, qui s'empara de Lot, neveu d'Abraham. Abraham courut au secours de Lot, surprit les vainqueurs et délivra son neveu. (XXIe *s. av. J.-C.*)

Sargon établit à Ourouk une grande bibliothèque : Assourbanipal, roi du deuxième empire assyrien, en fit plus tard recopier les volumes pour la bibliothèque de Ninive.

Hammourabi, prince du pays d'Elam, devint roi de Babylone pacifiquement, sans doute grâce à son mariage avec une princesse babylonienne (XXe *s. av. J.-C.*). Par une sage administration, il se fit accepter de ses nouveaux sujets et devint maître de toute la Chaldée. Ses inscriptions glorifient sa sollicitude pour les travaux d'irrigation : *J'ai fait construire le canal d'Hammourabi. J'ai changé les plaines désertes en terres arrosées. J'en ai fait une demeure de bonheur.*

IV. — Fin du vieil empire chaldéen.

La dynastie d'Hammourabi régnait encore à Babylone, quand la Chaldée fut soumise par les pharaons d'Égypte (XVIe *s. av. J.-C.*). A Babylone, ne régnèrent plus, pendant près de trois siècles, que des princes vassaux des Thoutmosis III et des Ramsès II.

CHAPITRE III

PREMIER EMPIRE ASSYRIEN (1314-760)

Alors que la Chaldée était soumise aux Égyptiens, la haute Mésopotamie restait indépendante. Ses villes principales étaient *El-Assar, Kalack, Resen* et *Ninive,* chacune formant un petit Etat gouverné par un prince indépendant. Ninive cependant avait eu peu à peu la prépondérance sur les villes voisines, et ses rois, après des guerres difficiles en Arménie, se trouvaient, vers le XIVe siècle, à la tête de soldats exercés et redoutables. Aussi, quand les pharaons affaiblis de la XXIe dynastie furent obligés d'abandonner leurs provinces d'Asie, l'ambition constante des princes de Ninive fut d'occuper la Chaldée.

Salmanasar Ier (vers 1314). Le premier, il s'empara de Babylone et fut maître de toute la plaine, des monts de l'Arménie au golfe Persique : il fonda ainsi le premier empire d'Assyrie. Sa statue[1]

[1] Musée britannique.

mutilée a été retrouvée dans les ruines d'El-Assar; sa capitale était Kalack.

Mais, disons-le tout de suite, jamais Babylone ne fut soumise d'une façon définitive; elle profita de toutes les circonstances pour reconquérir son indépendance, et les rois des deux empires assyriens ne cessèrent, jusqu'au dernier, de lutter pour la maintenir sous le joug. Parfois même la victoire favorisa les généreux efforts des Babyloniens et pendant un demi-siècle, de 1060 à 1020, Babylone reprit le dessus.

Téglath-Phalasar Ier (vers 1130 av. J.-C). Conquérant infatigable, comme le furent tant de rois assyriens, il replaça sous son autorité Babylone révoltée, puis dirigea ses armées vers l'ouest contre la Syrie, la Phénicie et les *Kittis*. Il occupa tous ces pays. Il s'embarqua même sur un vaisseau à Aradus et tua un dauphin *sur la grande mer d'Occident* (*inscriptions*).

De retour en Assyrie, il s'occupa de travaux et d'administration. Avec des plants rapportés du Liban, il reboisa les montagnes du Nord et de l'Est.

Après Téglath-Phalasar Ier, de nombreux rois se succèdent : c'est pendant cette période que Babylone parvint, comme nous l'avons dit plus haut, à reconquérir son indépendance.

Assournazirpal (882-860). Ce prince, grand guerrier et grand constructeur, nous a laissé des inscriptions fort nombreuses. Sous son règne Ninive est devenue une grande ville, où il réside quelquefois; c'est là qu'il envoie et torture par des supplices atroces les rois vaincus dans ses nombreuses guerres.

Il rebâtit Kalack, en partie ruinée, et en fit sa résidence favorite.

Salmanasar II (860-825), fils du précédent, passa lui aussi sa vie à guerroyer. L'une de ses nombreuses inscriptions présente un intérêt particulier, car elle nous montre le roi d'Assyrie en relations pour la première fois avec le peuple juif, sous Achab, roi d'Israël. Celui-ci fut vaincu par Salmanasar avec ses alliés les rois des *bords de la mer* (Syrie, Phénicie, pays de Chanaan, et même Égypte).

Quelques années après, le royaume d'Israël, menacé dans son existence, devint tributaire de l'Assyrie. Sur un bel obélisque[1] en basalte noir, trouvé à Kalack, Salmanasar est représenté debout, tandis qu'un roi vaincu, suivi de prisonniers enchaînés, se prosterne à ses pieds. Au-dessus on lit : *Tribut imposé à Jéhu, fils d'Omri : de l'or, de l'argent, de l'étain, des barres de fer, des armes, un sceptre royal, des chameaux à double bosse.*

Après Salmanasar II, on trouve encore le nom de quelques rois, qui habitèrent Ninive; puis il n'est plus question pendant longtemps de cette ville, qui semble avoir subi alors une première destruction (788). Les inscriptions n'en parlent plus jusqu'au moment où une nouvelle dynastie va entreprendre de la rebâtir et de l'embellir.

CHAPITRE IV

DEUXIÈME EMPIRE D'ASSYRIE (744-625)

I. — Téglath-Phalasar II (744-725).

Ses travaux. — On ne connaît pas l'origine de ce prince. Sa capitale était Kalack, où on a retrouvé son palais. Ce palais semble avoir été dé-

[1] Musée britannique.

truit par les Assyriens eux-mêmes, on ignore pour quel motif. Assar-addon, un des successeurs de Téglath-Phalasar II, en acheva la dévastation en enlevant les bas-reliefs qu'il destinait à son propre palais. Ces bas-reliefs[1] très précieux racontent en particulier les guerres de Téglath-Phalasar II avec cinq rois de Judas et d'Israël.

Ses guerres. — Dès le début de son règne, le premier soin de Téglath-Phalasar fut de soumettre Babylone, où régnait déjà le célèbre Mérodach-Baladan et de reconstituer ainsi l'ancien empire d'Assyrie.

Ses autres guerres furent surtout dirigées contre les peuples des bords de la Méditerranée. Rasin, roi de Syrie (*Damas*), s'était allié à Phacée, roi d'Israël (*Samarie*), contre le roi de Juda, Achaz. Celui-ci appela les Assyriens à son secours. Téglath-Phalasar II, battant les deux alliés, s'empara de la Syrie et d'une partie du royaume d'Israël.

II. — Salmanasar III (726-721).

Fils du précédent, il acheva la conquête du royaume d'Israël, malgré la ligue formée par Osée, fils de Phacée, avec les Égyptiens.

Il mourut sans postérité, et une nouvelle dynastie monta sur le trône.

III. — Sargon (720-708).

Sa généalogie est inconnue, car dans ses inscriptions jamais ce roi ne parle de ses ancêtres.

Il résida d'abord à Kalack, puis à Ninive, qu'il rebâtit, car cette ville avait été à peu près abandonnée depuis la fin du premier empire d'Assyrie. Son règne fut une guerre perpétuelle.

Ses principales expéditions furent dirigées contre

[1] Musée britannique.

le royaume d'Israël, qu'il soumit tout entier en prenant Samarie.

Sargon.

Puis il tourna ses efforts contre la Chaldée. Sargon continua contre Mérodach-Baladan cette lutte acharnée qui ne devait être terminée que par Sennachérib, son fils.

Après deux expéditions malheureuses contre l'Arménie et la Perse, Sargon mourut assassiné dans son palais de *Dour-Sarkin* (*Khorsabad*).

IV. — Sennachérib (708-681).

Il acheva la reconstruction de Ninive commencée par Sargon. Mais, malgré ses travaux, on peut dire que Sennachérib passa, comme son père, sa vie à guerroyer :

Contre le roi de Juda. — A la faveur des troubles causés par l'assassinat de Sargon, les Juifs, les

Phéniciens et les Egyptiens formèrent une ligue pour résister aux Assyriens. Sennachérib marcha d'abord contre l'armée égyptienne, qui s'avançait pour soutenir Ezéchias, roi de Juda. Il la battit, puis vint mettre le siège devant Jérusalem. Grâce aux prières d'Ezéchias et du prophète Isaïe, Sennachérib vit son armée détruite, dit l'Ecriture, par l'Ange du Seigneur; 200 000 hommes périrent. Les inscriptions assyriennes mentionnent simplement la retraite de Sennachérib et prouvent ainsi la véracité du récit biblique.

Contre les Babyloniens et les Susiens. — A la nouvelle du désastre de Sennachérib, le vieux et infatigable Mérodach-Baladan voulut tenter un suprême effort. Il reprit le pouvoir à Babylone, mais Sennachérib le surprit et le battit. Le vieux roi se réfugia chez les Susiens (Elamites), où il mourut peu après, accablé par les années et le malheur.

La guerre cependant n'était pas finie. Les Susiens, effrayés par la puissance envahissante des Assyriens, avaient pris les armes. Sennachérib appela des ouvriers phéniciens et, avec les bois d'Assyrie, se fit construire deux flottilles. Des marins phéniciens les dirigèrent et l'armée assyrienne descendit facilement, rapidement, le Tigre jusqu'au pays d'Elam. Les Susiens surpris furent écrasés et le pays dévasté. En vain Babylone essaya-t-elle une nouvelle révolte sous Suzub, un des généraux de Mérodach-Baladan. Sennachérib, irrité, détruisit la grande cité par l'incendie et la démolition.

Ce roi mourut peu après, assassiné par deux de ses fils. Un troisième, Assar-addon, se fit proclamer roi d'Assyrie.

V. — Assar-Addon (681-668).

Le caractère de ce roi tranche sur celui de ses prédécesseurs. Il dirigea, c'est vrai, plusieurs expéditions guerrières, notamment contre l'Egypte; mais il n'imita pas les rois, ses ancêtres, dans leur cruauté et leur amour de la destruction. Il fut un grand constructeur.

Ses travaux. — A peine sur le trône, il reconstruisit, en l'embellissant encore, Babylone détruite par Sennachérib. Il consacra trente-six sanctuaires « plaqués de lames d'or et d'argent et resplendissants comme le jour ». Il avait d'abord habité Kalack, puis Ninive, où il avait fait bâtir une magnifique demeure. A la fin de sa vie, il désira retourner à Kalack et y commença la construction d'un immense palais (*palais de Nimroud*). Pour aller plus vite, il enleva les bas-reliefs du palais de Téglath-Phalasar II, mais il mourut avant l'achèvement de ce travail.

VI. — Assourbanipal (668).

On ignore la date de sa mort. Sous son règne, l'empire assyrien atteignit l'apogée de sa puissance.

Ses guerres. — Après des guerres sanglantes, la Chaldée et la Susiane avaient été enfin domptées, et tout le pays, du Caucase au golfe Persique, de la Méditerranée aux monts Zagros, obéissait à Ninive. L'Egypte même était sa tributaire.

Ses travaux. — Dans les courts intervalles de ses campagnes multiples, Assourbanipal s'adonnait à la chasse : ses bas-reliefs [1] célèbrent ses chasses, où les lions sont tués par centaines, aussi bien que ses campagnes signalées par d'effroyables massacres. Mais, malgré ses goûts violents et sanguinaires, il était, sinon un lettré, du moins un

[1] Musée britannique. — Musée du Louvre.

protecteur des lettres et des arts. Nous l'avons déjà dit, c'est lui qui fit copier les vieux textes de la bibliothèque rassemblée à Ourouk, en Chaldée, par Sargon l'Ancien et en forma la bibliothèque de son palais à *Kouyoundjick (palais du nord à Ninive)*.

Destruction de Ninive (625). Jamais l'empire assyrien n'avait paru plus puissant et plus florissant, il allait cependant périr. Ses rois avaient bien su batailler, conquérir, imposer leur autorité par la terreur; mais jamais ils n'avaient songé à organiser leur conquête, à bien administrer, et à réunir ainsi en un seul état les peuples divers écrasés par eux. Sans cesse vaincus et décimés, ces peuples, animés par la haine, se relevaient sans cesse et profitaient de toute occasion pour reprendre les armes.

Aussi l'empire, épuisé par des guerres incessantes, devait succomber si un adversaire sérieux se présentait. Sous un des obscurs successeurs d'Assourbanipal, Assour-édil-ilani, Cyaxare, roi des Mèdes, allié au gouverneur de Babylone, Nabopolassar, prit et détruisit Ninive, qui disparut pour jamais; quelques siècles après, on avait perdu jusqu'au souvenir de son emplacement.

CHAPITRE V

DEUXIÈME EMPIRE CHALDÉEN (625-536)

Cet empire dura peu, mais jeta un grand éclat sous Nabuchodonosor.

I. — Nabopolassar (625-604).

Après la prise de Ninive, Cyaxare avait gardé l'Assyrie. La Babylonie, avec la Syrie et la Palestine, étaient échues à Nabopolassar. Sous son règne, le pharaon Néchao, désireux de construire une flotte, voulut s'emparer des forêts du Liban, attaqua le roi de Juda, Josias, et le battit à Mageddo.

Nabopolassar envoya contre Néchao son fils Nabuchodonosor, qui vainquit les Égyptiens à Carchémis (606). Nabuchodonosor s'élançait à la poursuite des vaincus, quand la mort de son père le rappela à Babylone.

II. — Nabuchodonosor (604-560).

Il resta toujours en paix avec Cyaxare, dont il avait épousé la fille; mais il eut de longues luttes à soutenir contre les Juifs, les Phéniciens et les Égyptiens ligués.

Ses guerres. — Dans une première campagne, sous Joachim II, Jérusalem fut prise, les trésors du temple pillés, et Nabuchodonosor emmena en captivité le roi, l'armée juive et les artisans les plus habiles, qu'il employa à ses constructions. Alors commencèrent (599) les soixante-dix ans de captivité prédits aux Juifs par le prophète Jérémie. (*IVe Livre des Rois*, XXIV.)

Dix ans plus tard (589), Sédécias, qui gouvernait en Judée au nom de Nabuchodonosor, se laissa entraîner dans une ligue avec les Phéniciens et le pharaon Apriès. Nabuchodonosor accourt, envoie une armée occuper la Phénicie et faire le siège de Tyr. Lui-même vient assiéger Jérusalem, qui succombe après un an et demi d'une résistance héroïque. Le temple et la ville furent brûlés, les fils du roi et les magistrats égorgés devant Sédécias, qui eut ensuite les yeux crevés. Le reste de la population, excepté le petit peuple, fut transporté en Chaldée. (*IVe Livre des Rois*, XXV.)

Tyr résista treize ans avant de se soumettre, et

permit enfin à Nabuchodonosor d'aller châtier les Égyptiens ; mais l'on ignore le résultat de cette expédition.

Ses travaux. — Ses grands travaux, plus encore que ses guerres, ont rendu Nabuchodonosor célèbre dans l'antiquité. Babylone, détruite par Sennachérib, avait été restaurée par Assar-addon ; Assourbanipal l'avait de nouveau saccagée. Nabuchodonosor employa à la rebâtir ses nombreux prisonniers juifs et égyptiens.

Il l'enferma d'abord dans l'enceinte immense d'un double mur ; ces remparts étaient percés de cent portes aux vantaux de bronze. Un pont réunissait les deux parties de la cité assise sur les deux rives de l'Euphrate, et des quais superbes encaissaient le fleuve.

Nabuchodonosor se bâtit un palais splendide, à côté duquel s'élevaient des jardins suspendus. Ces jardins, aux terrasses superposées et ornées de plantes rares, étaient destinés surtout aux femmes du roi.

Au centre de la ville s'élevait la *Ziggurât*, temple à sept étages consacré au dieu Bel. Nabuchodonosor la répara, la couvrit d'or et de riches ornements. La statue d'or du dieu, haute de treize mètres, dominait le temple, au sommet duquel on arrivait par une rampe extérieure.

En dehors de la ville, Nabuchodonosor fit réparer les canaux qui unissaient le Tigre et l'Euphrate. Il disposa des réservoirs, en particulier à Sippara, pour recevoir les eaux et faciliter, en le réglant, l'arrosement de la plaine ; il assura la navigation du golfe Persique par la création d'un port à *Térédon* (pays de *Kardunyas*), à l'embouchure de l'Euphrate.

Mais cette énumération trop courte ne donne qu'une faible idée des travaux de Nabuchodonosor. « Infatigable dans ses entreprises, dit Maspero, il travailla sans relâche à toutes les cités et à tous les temples; il n'y a pas autour de Babylone un endroit où l'on ne trouve son nom et la trace de sa merveilleuse activité. »

Sa folie. — Mais l'orgueil perdit Nabuchodonosor. Frappé de folie par la main de Dieu, il s'enfuit loin de la société des hommes et vécut de la vie des animaux, se nourrissant comme eux de plantes sauvages. Dieu lui pardonna cependant, et il remonta sur le trône pour y mourir peu après.

III. — Nabunahid. — Chute de Babylone.

L'empire chaldéen ne survécut guère à Nabuchodonosor, car, trente ans après, il fut détruit sous Nabunahid.

Ses travaux. — Ce roi se fit remarquer par des travaux d'un nouveau genre. Indolent et paisible, il aimait à relever de leurs ruines les vieux temples, à fouiller les débris des anciens palais pour y retrouver les inscriptions déposées dans les fondations. Il acheva d'encaisser l'Euphrate par des quais, dont aux basses eaux les restes reparaissent encore ; les briques très dures sont liées par du bitume et portent le nom de Nabunahid.

Invasion des Perses. — A ce moment, les forces militaires de l'empire étaient presque nulles et incapables de résister au conquérant qui s'approchait. Cyrus, roi de Perse, à la tête d'une armée déjà éprouvée dans une guerre contre les Lydiens, s'avançait contre Babylone. Nabunahid essaya de résister et tint quelque temps la campagne au nord de la ville, laissant son fils Baltassar y commander à sa place. Malgré ses efforts, il dut se replier sur sa capitale et fut pris dans une sortie. Baltassar continua la lutte, mais ne put empêcher le général perse Gobryas de s'emparer d'une partie de Babylone[1]. Il résistait depuis quelque temps dans la partie de la ville appelée *quartier royal*, quand il y fut surpris par l'ennemi. « Un soir, dit l'Écriture, que Baltassar offrait un festin à mille de ses officiers, il fit apporter les vases d'or et d'argent que Nabuchodonosor avait enlevés au temple de Jérusalem. Ses officiers, ses femmes, y buvaient en célébrant les dieux de Babylone. Soudain une main apparut écrivant sur la muraille ces mots mystérieux : *Mane, thecel, pharès.* Le roi, effrayé, convoqua les devins de son royaume, mais aucun ne put lui en expliquer le sens. Daniel, à son tour, fut mandé comme possédant l'esprit de Dieu avec la science et la sagesse, et il expliqua ainsi l'inscription : *Mane : il a compté.* Dieu a compté les années de ton règne, et il y a mis fin. *Thecel : il a pesé.* Dieu t'a pesé dans la balance, et tu as été trouvé trop léger. *Pharès : il a divisé.* Dieu a divisé ton royaume, et l'a livré aux Mèdes et aux Perses. » Avant l'aurore de la même nuit, les Perses pénétraient dans le quartier royal, où ils égorgeaient Baltassar.

Ainsi finit le second empire chaldéen. La Babylonie et tous les pays qui en dépendaient acceptèrent le joug des Perses, et Babylone ne fut plus désormais que la capitale d'une satrapie perse (536).

[1] Revue des *Questions historiques*, 1er avril 1891. — *Fin du nouvel empire chaldéen*, par M. l'abbé F. de Moor.

CHAPITRE VI

RELIGION — MŒURS — ARTS

I. — Religion.

Divinités assyriennes. — En Assyrie, Assour était le dieu suprême, maître et roi de tous les autres. C'est en son nom que les rois font la guerre, qu'ils brûlent les villes, saccagent les temples, massacrent les peuples (Maspero). Il est le dieu vraiment national ; aussi, quelle que soit la capitale du pays, El-Assar, Kalack ou Ninive, il ne perd pas son rang de dieu suprême. Il n'est pas comme les dieux de Chaldée, le dieu d'une cité seulement, dont la puissance et le renom grandissent ou diminuent avec l'importance de cette cité ; il est le grand dieu, honoré dans toute l'Assyrie. C'est lui qui réalise le mieux le type du Jupiter des Grecs, souverain modérateur des hommes et des dieux. Il a pour épouse Istar, déesse des batailles, et, en outre, symbole de la fécondité terrestre.

Divinités chaldéennes. — En Babylonie, chaque cité avait son dieu particulier, qui y trônait en souverain seigneur du ciel et de la terre et maître des autres dieux. Sin, le dieu lune, était seigneur d'Our; Samas, le dieu soleil, seigneur de Larsam; Mérodack, seigneur ou bel de Babylone. Peu à peu, Babylone devenant prépondérante, Mérodack devint aussi le plus puissant des dieux de Chaldée, et même, quand Ninive fut détruite, Assour étant oublié, Mérodack fut le dieu souverain de tout l'empire. A côté de ces dieux, nommions encore Nébo, dieu de l'intelligence et de la prophétie ;

Ramanou, dieu de la tempête, symbole de ces trombes qui traversent la plaine chaldéenne, tourbillons chargés de sable et de pluie, des flancs desquels sortent le tonnerre et les éclairs.

Magie. — Une foule d'esprits secondaires, génies bons ou mauvais, se rangeaient au-dessous de ces divinités supérieures, occupés sans cesse à favoriser l'homme ou à lui nuire. Parmi les mauvais génies, les uns suscitaient les discordes, les haines; les autres, une maladie spéciale, les songes effrayants, les fantômes. L'homme, toujours exposé à leurs attaques, avait cherché dans la magie un recours contre eux. La magie lui indiquait les amulettes protectrices, les sacrifices à faire, les formules, les sons, les gestes cabalistiques, qui enchaînaient le pouvoir des démons ou forçaient les bons génies à exercer contre les mauvais leur bienfaisante influence.

Les sorciers, possesseurs de cette science magique, étaient fort nombreux; mais malheureusement certains d'entre eux employaient leur redoutable pouvoir à composer des poisons, à jeter des sorts, à déchaîner les esprits mauvais. Les sorciers bienfaisants réparaient tant bien que mal les dommages causés par leurs malfaisants confrères.

II. — La tombe chaldéenne.

Jusqu'ici on n'a pu retrouver aucune tombe assyrienne. Que faisaient les Assyriens des corps de leurs rois, de leurs parents? On l'ignore. Les savants conjecturent qu'en dehors des pauvres et des esclaves, les Assyriens faisaient transporter leurs cadavres dans les nécropoles sacrées de la Chaldée; mais ce transport, facile en temps de paix, était impossible en temps de guerre.

En Chaldée, au contraire, on a retrouvé d'immenses amas de cercueils entassés par lits réguliers. Certaines localités, réputées terre sainte, servaient de sépulture pour tout le pays : Warka est la plus célèbre par la multitude de ses sarcophages. Mme Jane Dieulafoy raconte, dans son récent voyage en Perse, qu'elle a rencontré des convois de mulets chargés de cadavres musulmans ; on les transporte, selon la vieille coutume chaldéenne, à Kerbela, en Mésopotamie, afin qu'ils reposent près du tombeau d'Ali, cousin de Mahomet.

Croyances primitives sur l'autre vie. — Mais les croyances primitives des Assyriens et des Chaldéens sur la vie d'outre-tombe étaient les mêmes ; ces peuples la regardaient comme une simple prolongation de la vie menée sur terre. Le corps, dont il fallait le plus possible retarder la destruction par une sorte d'embaumement, avait les mêmes besoins qu'avant la mort ; aussi déposait-on dans la tombe tout un mobilier : armes, cachets, parures, objets de toilette, aliments variés. Le mort y vivait d'une vie particulière, et le plus grand malheur pour lui aurait été de n'avoir pas de sépulture. Bien traité, il devenait protecteur de sa famille ; mais, privé de tombeau, il errait misérable, sans abri et sans aliments, effrayant les siens par ses apparitions et les persécutant.

Plus tard, les Assyriens et les Chaldéens admirent l'existence d'un séjour souterrain, divisé en deux régions, l'une destinée aux bons, l'autre aux méchants. Les justes y buvaient l'eau pure de vie qui les rendait forts et immortels ; ils s'y rassasiaient de miel et de graisse. Mais aucun texte n'a révélé encore les supplices qui, dans la pensée de ces peuples, attendaient les méchants.

III. — Monuments.

Malgré la proximité relative des montagnes qui auraient pu leur fournir la pierre, les architectes assyriens et babyloniens trouvèrent plus commode d'employer la brique. Celle-ci était crue, c'est-à-dire simplement séchée au soleil, ou cuite ou émaillée. Très large de forme, elle portait d'ordinaire, sur un des plats, le nom et les titres du roi sous lequel elle avait été fabriquée. On ne trouve la pierre employée qu'en Assyrie, et encore comme revêtement de la brique crue. Aussi quand les monuments tombaient en ruine, les pluies torrentielles désagrégeaient les briques crues qui, redevenues simple argile, ensevelissaient les parties inférieures des murs sous des monceaux de terre pareils à des collines; plus tard les buissons y poussèrent, et des villages mêmes s'y bâtirent.

Les principales ruines d'Assyrie et de Babylonie sont des temples et des palais.

Le temple. — En dehors des types ordinaires que nous retrouvons chez tous les peuples, la forme la plus magnifique du temple était la Ziggurât ou tour à étages; ces étages, vraies masses cubiques en retrait l'une sur l'autre, étaient d'ordinaire au nombre de sept; on arrivait au sommet par une rampe extérieure, tournant en pente douce autour de l'édifice. Le reste le plus important de ce genre d'architecture est la Ziggurât du palais de Sargon, à Khorsabad (*Dour-Sarkin*); il en reste encore quatre étages. La masse, pleine, en briques crues, est revêtue d'un stucage orné de rainures; la rampe, pavée de briques cuites, est bordée d'un parapet crénelé. Le stucage, comme l'a dit Hérodote, varie de couleur avec les étages. En haut des Ziggurâts se trouvait le petit retrait obscur, où l'on venait prier, brûler de l'encens devant la statue du dieu.

Le palais. — Avant de construire le palais, on établissait une immense terrasse de briques crues, qui avait jusqu'à vingt mètres d'élévation; on y arrivait par une rampe praticable aux chars ou par des escaliers. Sur la terrasse reposaient les murs du palais bâtis, eux aussi, en briques crues, mais revêtues de briques cuites ou d'un enduit. Le palais était une construction massive, ayant sur la façade principale une porte monumentale; l'intérieur était un ensemble fort compliqué de cours, sur lesquelles prenaient jour des chambres voûtées ou plafonnées, sombres, inaccessibles à la chaleur; parfois une étroite lucarne pratiquée dans le toit en terrasse, y donnait un peu plus de lumière. Dans un des coins du palais s'élevait la Ziggurât, à la fois temple et observatoire pour les prêtres, qui s'occupaient beaucoup d'astronomie, et plus encore d'astrologie.

IV. — La décoration.

Mais si le palais chaldéen ressemblait comme construction et disposition au palais assyrien, il en différait beaucoup par la décoration.

Décoration chaldéenne. — En Babylonie, pas ou peu de sculptures; les murs intérieurs sont peints en teinte plate; parfois des figures d'hommes et d'animaux, des rosaces, des palmettes, disposées en longues bandes, rompaient la monotonie de ces grandes murailles. Souvent aussi, au lieu des couleurs qui s'effacent trop vite, le décorateur chaldéen employait des briques émaillées. On les a retrouvées dans leur fraîcheur primitive, avec leurs vives couleurs et leurs dessins variés. Les tons qui y dominent sont le bleu, le rouge, le jaune, le blanc et le noir.

Décoration assyrienne. — En Assyrie, la décoration intérieure était beaucoup plus somptueuse. Dans les chambres à plafond plat, les poutres de cyprès, de cèdre ou de pin, étaient recouvertes de feuilles de bronze très ornées. Sur les murs, on assemblait les briques émaillées, non plus seulement pour former des dessins comme en Chaldée, mais pour composer de véritables tableaux,

Taureau ailé trouvé au palais de Khorsabad, actuellement au Louvre.

où se mouvaient des hommes et des animaux. Aucune ruine chaldéenne n'a fourni l'exemple d'une pareille profusion d'ornements en briques. De plus, dans les salles de cérémonie, tout autour des murs, étaient appliquées de hautes dalles d'albâtre, dont les bas-reliefs représentent dans tous ses détails la vie du souverain, habitant du palais. A l'extérieur, les portes étaient gardées par des lions, par des taureaux ailés à tête d'homme ; de larges plinthes, en briques émaillées, chargées de toutes sortes de figures, couraient au bas des murs. A Khorsabad, deux palmiers en bronze doré décoraient l'entrée du harem.

Hercule assyrien.

V. — Sculpture.

Il nous reste fort peu d'œuvres de la sculpture chaldéenne : statues sans tête ou têtes sans corps [1], toutes sont mutilées et indiquent

[1] Musée du Louvre : statues de Tello.

un art peu avancé. Les traits du visage sont durs et grossiers, les mouvements gauches et les proportions mal gardées.

En Assyrie, si les statues sont de même fort

Tête de cheval prise sur un bas-relief assyrien, au Louvre.

rares, elles indiquent un grand progrès sur la sculpture chaldéenne. Mais les palais nous ont fourni des bas-reliefs sans nombre. Ils représentent surtout le roi, guerroyant ou chassant, des cérémonies religieuses, un cortège royal. Les scènes en sont pleines de vie et de mouvement. Il y a des incorrections de dessin, des manques de proportions : ainsi la tour d'une citadelle a peine parfois à contenir un soldat qui émerge à mi-corps ; ailleurs des soldats attaquent une forteresse plus petite qu'eux ; néanmoins, remarque Maspero, ces sculptures, avec leurs minuties, sont un tableau fidèle de la vie assyrienne, des documents précieux pour l'historien en même temps que des œuvres d'art. En général, les animaux y sont représentés avec une perfection et une vie surprenantes.

VI. — Arts industriels.

Les peuples de Mésopotamie savaient tisser des étoffes aux couleurs éclatantes, et y broder des dessins merveilleux : fleurs, rosaces, figures d'hommes et d'animaux. Ces étoffes faisaient l'admiration des anciens ; mais nous ne pouvons nous en faire une idée que par les vêtements des rois et des dieux, représentés sur leurs statues ou dans les bas-reliefs.

Les appliques en bronze[1] des trônes et des lits ; les patères[2] d'or, d'argent ou de bronze retrouvées dans les ruines, sont ciselées avec une finesse et une élégance incomparables. Enfin nos musées possèdent encore de rares, mais fort jolis objets d'ivoire, et une grande quantité de remarquables cachets (cylindres)[3] en pierres précieuses, avec lesquels les rois et les nobles scellaient les décrets et les contrats.

[1] Musée du Louvre et musée britannique.

[2] Le musée britannique possède une collection de ces belles coupes.

[3] Ces cylindres se trouvent dans les principaux musées d'Europe et dans de nombreuses collections particulières.

VII. — Littérature.

Écriture. — Les Assyriens et les Babyloniens se servaient de l'écriture cunéiforme, formée de clous, coins (*cuneus*), diversement agencés. Cette écriture, très incommode, fut employée par presque toute l'Asie occidentale ; les Mèdes et les Perses l'empruntèrent aux Babyloniens, vaincus par eux. Elle persista jusqu'au IIe siècle après J.-C.

Bibliothèques. — Les grands temples avaient chacun leur bibliothèque renfermant de nombreux ouvrages imprimés, c'est le mot, sur de légères plaques d'argile, molles au moment de l'impression, puis durcies au feu. Nous avons vu que dès le vieil empire chaldéen les rois s'occupaient de littérature, de sciences, et avaient à cœur d'enrichir leurs bibliothèques. On a retrouvé dans les ruines de son palais la bibliothèque d'Assourbanipal ; les parties les mieux conservées ont été transportées à Londres[1]. De ces livres, les uns racontent l'histoire du pays, les autres traitent de religion ; les autres enfin sont des livres de magie, d'astronomie ou de mathématiques.

[1] Musée britannique. — Les revues d'octobre 1894 annoncent la découverte à Tello des restes d'une bibliothèque (30000 briques) : c'est une collection d'actes authentiques souvent signés de cachets royaux : comptes, inventaires, listes d'offrandes. Ces briques remonteraient à 3 ou 4000 ans av. J.-C.

DEUXIÈME PARTIE

ÉGYPTIENS

CHAPITRE I

NOTIONS PRÉLIMINAIRES

A l'époque même où, dans la plaine du Tigre et de l'Euphrate, se développait la civilisation que nous venons d'étudier, sur les bords du Nil grandissait un peuple appelé dès son origine à jeter un grand éclat et destiné, lui aussi, à un long avenir. Mais avant d'étudier son histoire, faisons d'abord la curieuse géographie du pays où la Providence l'avait placé.

I. — Description géographique.

L'Egypte est bornée : au nord, par la mer Intérieure (*Méditerranée*); à l'est, par l'isthme de Péluse (*canal de Suez*) et la mer Rouge; au sud, par la Nubie; à l'ouest, par le désert de Libye (*Sahara*).

L'Egypte habitable ne comprend, à vrai dire, que la vallée du Nil. A l'est et à l'ouest de cette vallée s'étendent de vastes plaines de sable, parsemées, surtout à l'ouest, d'oasis, dont la plus célèbre était l'oasis d'*Ammon*. La vallée du Nil, limitée à l'ouest par la chaîne libyque et à l'est par la chaîne arabique, se dirige du sud au nord. A certains endroits elle est si étroite, que le fleuve n'a que la place suffisante pour passer entre deux escarpements de rochers ; sa largeur la plus grande est de cinq à six lieues. Au nord de l'Egypte, vers Memphis, les deux chaînes qui limitaient la vallée disparaissent, et alors commence le Delta, plaine triangulaire arrosée par les diverses bouches du Nil.

II. — Le Nil.

Le Nil Blanc, qui est le vrai Nil, sort des lacs Victoria et Albert Nyanza, dans les régions équatoriales. Son principal affluent, le Nil Bleu, prend naissance au lac Tzana, en Abyssinie, et le rejoint à Khartoum, au sud de la Nubie.

En Nubie, le cours du Nil est obstrué par des cataractes ou rapides qui rendent la navigation difficile. Après le dernier de ces rapides, près de Syène, le Nil entre en Egypte.

Sa largeur moyenne est alors de 600 à 700 mètres; mais comme il ne reçoit plus aucun affluent et que les canaux d'irrigation viennent lui prendre ses eaux, son volume d'eau, au lieu d'augmenter, diminue même. Cependant il n'en coule pas moins d'un cours puissant, encombré d'îlots et de bancs de sable, entre deux berges taillées à pic dans les terres d'alluvion.

Arrivé dans le Delta, le Nil se séparait autrefois en sept branches, dont les principales étaient la *Pélusiaque* à l'est, la *Sébennytique* au centre, la *Canopique* à l'ouest. Aujourd'hui la Pélusiaque n'existe plus et le Nil se jette à la mer par les deux bouches de Rosette et de Damiette.

III. — Crues du Nil.

L'Egypte est un don du Nil. Il a d'abord créé le Delta, en comblant le golfe qui existait à sa place; en outre, chaque année, par ses débordements, il remplace les pluies, très rares dans cette région, apporte un limon fertile qui renouvelle le sol et produit d'abondantes récoltes.

Le Nil gonfle dès le mois de juin, à la suite des grandes pluies qui tombent dans l'Afrique équatoriale; mais il ne déborde qu'au milieu de juillet sur l'Egypte brûlée par les vents du Sahara. L'inondation s'arrête en août, et le fleuve est rentré dans son lit pour le commencement de décembre.

Alors se font les semailles. En janvier, au moment où nous sommes en hiver, l'Egypte se couvre de verdure et de fleurs. La récolte a lieu en mars. Mais, à l'aide d'une inondation artificielle, on peut renouveler en certains entroits la fraîcheur et le limon, et préparer une seconde récolte, qui précédera de peu l'inondation de juin.

IV. — Productions.

Flore. — L'Egypte, comme tous les pays fréquemment inondés, ne peut avoir de forêts. Le sycomore y croît pourtant avec plusieurs espèces de palmiers et d'acacias. Les arbres fruitiers, le figuier, l'olivier, l'abricotier, la vigne, sont nombreux dans les jardins. Dans les champs, à côté des bosquets de dattiers, on cultive le blé, le maïs, le millet, les fèves, etc. etc., et comme plante textile, le lin.

Autrefois, dans les endroits humides, poussaient en grande quantité deux plantes célèbres : le papyrus, emblème du Delta, et le lotus, emblème de la haute Egypte. La membrane flexible du papyrus servait de papier. Le lotus et le papyrus fournissaient, par leurs graines et leurs feuilles, des aliments aux pauvres; aujourd'hui ils ont presque disparu de la vallée du Nil.

Faune. — Le bœuf, le mouton, la chèvre, l'âne, le porc, le chien, vivaient en Egypte dès les temps les plus anciens. Le cheval n'y fut introduit que vers le XXe siècle; le chameau, au Ve siècle seulement. Les oies et les canards, domestiques ou

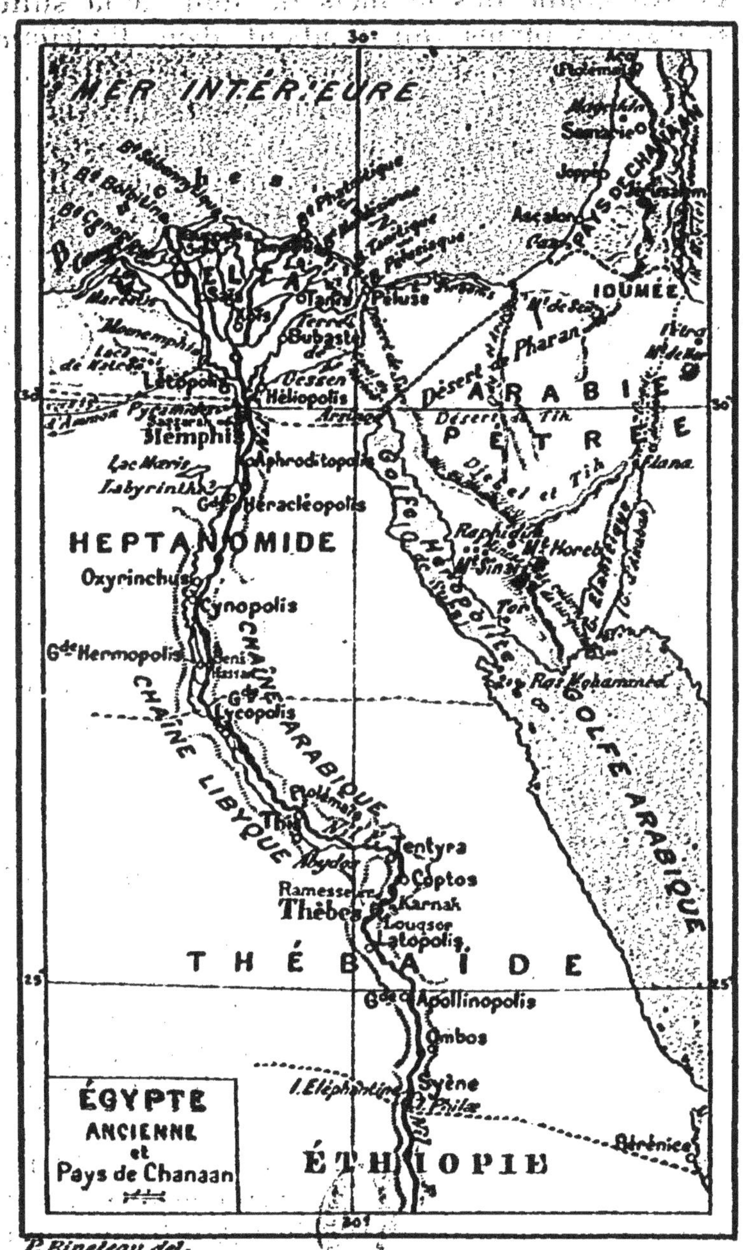

P. Bineleau del.

sauvages, peuplaient les basses-cours et les rives du fleuve; la poule était un oiseau de luxe (Maspero).

Les pêcheurs du Nil y capturaient de nombreux poissons, quelques-uns fort gros. Les crocodiles et les hippopotames s'ébattaient dans le fleuve, sur les bords duquel pêchaient les ibis et les grues. Sur les confins du désert chassaient, comme aujourd'hui, le lion, le léopard, l'hyène et le chacal.

V. — Divisions anciennes du pays.

Dans les temps reculés, l'Egypte était divisée en de nombreuses principautés ou nomes. Peu à peu ces principautés se groupèrent en deux royaumes : celui de la Basse-Égypte ou Delta, avec Héliopolis pour capitale, et celui de la Haute-Egypte, qui comprenait le reste de la vallée. Chacun des deux rois portait une couronne de forme et de couleur différentes; toutes deux réunies, elles formaient le **Pschent**, réservé au pharaon qui réunissait sous son sceptre l'Egypte entière.

Géographiquement, l'Egypte peut se diviser en trois parties :

La Haute-Egypte, v. pr.: Eléphantine et Thèbes.

La Moyenne-Egypte, v. pr. : Tis et Memphis.

La Basse-Egypte ou Delta, v. pr. : Héliopolis, Saïs, Tanis, Xoïs, Bubaste, Canope et Péluse.

Toutes ces villes étaient des chefs-lieux des anciens nomes ou provinces; la plupart devinrent capitales, quand les princes qui les gouvernaient s'emparèrent du pouvoir souverain.

VI. — Origine des Égyptiens.

Il est probable que les Egyptiens vinrent d'Asie par l'isthme de Péluse. Ils descendaient de Cham par Mesraïm, son fils.

Ils s'établirent d'abord dans le Delta, alors

marais immense, semé d'îles sablonneuses, au milieu desquelles coulait paresseusement le Nil. La vallée elle-même n'était que marais ou désert. Mais les anciens Égyptiens endiguèrent le fleuve, desséchèrent les marais et arrosèrent la vallée par une foule de canaux : ils conquirent ainsi leur pays par le travail et la patience.

VII. — Sources de l'histoire d'Égypte.

Les Égyptiens avaient, comme les Assyriens, l'heureuse coutume de couvrir leurs monuments d'inscriptions. Sur les murs, les colonnes des temples et des palais bâtis par eux, dans leurs tombeaux, les pharaons ont raconté leurs hauts faits. Les grands personnages les ont naturellement imités.

En outre, les fouilles de ces dernières années ont mis à jour de nombreux et importants manuscrits, formés de longues bandes de *papyrus*. Les villes de Londres, de Berlin, de Turin en possèdent de fort beaux exemplaires.

Longtemps on avait en vain essayé de déchiffrer les *hiéroglyphes* des monuments, aussi bien que l'écriture plus rapide, mais plus embrouillée, des *papyrus* (écriture hiératique, démotique). La gloire de leur première lecture appartient à un Français, Champollion. Aidé de l'inscription de Rosette en trois écritures (*hiéroglyphique, démotique, grecque*), il parvint à reconstruire l'alphabet égyptien (1824), à lire et à traduire des textes nombreux de cette vieille langue que les Coptes ont parlée jusque vers le XVIIe siècle après Jésus-Christ.

Cependant, Champollion mort, l'étude de la langue égyptienne fit peu de progrès jusqu'en 1850. C'est alors qu'Emmanuel de Rougé donna la méthode complète pour analyser et traduire littéralement la phrase égyptienne, jusque-là devinée approximativement. Le premier, il lut l'écriture *hiératique* et traduisit le poème de *Pentaour,* dont nous parlerons plus loin.

Aug. Mariette, mort en 1881, entreprenait peu après (1850), pour le compte du gouvernement français, des fouilles qui ont enrichi notre musée du Louvre. Fondateur du musée de Boulaq, Mariette vit son œuvre continuée avec gloire par M. Maspero, qui vient lui-même de céder la place (1893) à M. de Morgan. Les *Revues* ont dit les récentes et précieuses découvertes de ce dernier (mai 1894), dans les monuments de la XIIe dynastie.

VIII. — Division de l'histoire d'Égypte.

Les Egyptiens se vantent d'avoir eu trente et une dynasties de rois, depuis Menès jusqu'à la conquête d'Alexandre le Grand. L'histoire de l'Egypte peut se diviser en trois périodes :

1° La *période memphite* ou *ancien empire,* de la 1re à la 10e dynastie (5000-3064);

2° La *période thébaine* ou *moyen empire,* de la 10e à la 20e dynastie (3064-671);

3° La *période saïte* ou *nouvel empire,* de la 20e à la 31e dynastie (671-525).

CHAPITRE II

PÉRIODE MEMPHITE (ANCIEN EMPIRE)

La plupart des dynasties de l'ancien empire eurent Memphis pour capitale. C'est pourquoi cette période de l'ancien empire peut se nommer période memphite.

I. — Dynasties fabuleuses.

Des dix dynasties de l'ancien empire (5000-3000 ans av. J.-C.) les trois premières n'ont qu'une histoire mêlée de fables ridicules, et il est à craindre que la liste de leurs rois ne soit inventée à plaisir.

La tradition indique comme premier roi de la première dynastie Menès, qui réunit sur sa tête les deux couronnes du nord et du sud. On n'a retrouvé aucun monument de son règne, bien que la légende lui attribue la fondation de Memphis et la digue qui la préserve encore aujourd'hui des eaux du Nil. Il mourut, dit-on, tué par un hippopotame, envoyé par les dieux irrités de ses crimes.

Les rois qui lui succédèrent dans les trois premières dynasties n'ont laissé que leurs noms.

II. — Monuments anciens.

Cependant on ne peut nier absolument leur existence. Un jour peut-être la pioche de l'explorateur rendra à la lumière des ruines qui, si elles ne disent rien de leurs actes, établiront au moins qu'ils ont vécu. Mais jusqu'ici nous connaissons à peine quelques monuments qui semblent remonter au delà de la troisième dynastie.

Le sphinx. — Le plus célèbre est le grand sphinx de Gizeh, situé à côté de la grande pyramide : commencé peut-être avant Menès, il fut terminé par Képhren. Le sphinx, taillé en plein roc, représente le corps d'un animal accroupi, surmonté d'une tête d'homme; malheureusement ce corps est aujourd'hui tout effrité, et le bas de la coiffure, la barbe, le nez ont été mutilés. Il a vingt mètres de haut, et, malgré ses mutilations, sa figure exprime encore le calme et la majesté. On le dit une œuvre consacrée au dieu Soleil, peut-être même l'image du Soleil levant; quoi qu'il en soit, il est l'expression d'un art assez puissant déjà pour vaincre de grandes difficultés.

Pyramide de Saqqarah. — La pyramide à degrés de Saqqarah fut construite par le roi Zosiri, pour être son tombeau. En-dessous, en plein roc, de nombreuses chambres ont été creusées, aboutissant à un puits où reposait la momie. Le caveau a perdu depuis peu son beau revêtement de carreaux d'argile émaillée.

III. — Dynasties historiques. — 4e dynastie.

Rois de la 4e dynastie. — L'histoire d'Egypte, appuyée sur des documents certains, commence à Snofroui, premier roi de la 4e dynastie. Dans une des vallées du Sinaï, où il faisait exploiter par des colons égyptiens des mines de turquoises et de cuivre, un bas-relief, taillé dans le roc, redit son nom et ses victoires. Il est représenté terrassant un de ces Arabes qui venaient fréquemment attaquer les mineurs du Sinaï et la frontière orientale du Delta.

Après Snofroui, viennent les rois si célèbres : Kéops, qui fit construire la grande pyramide de Gizeh; Képhren, qui fit bâtir la moyenne; et Mycérinus, la plus petite.

Les grandes pyramides. — Les trois grandes pyramides sont des merveilles d'architecture gigantesque. La plus grande a encore 137 mètres de haut; la base est un carré de 200 mètres. Toutes trois étaient des tombeaux destinés aux rois qui les érigèrent, et pour ce motif elles renferment une ou plusieurs salles funéraires. On arrive à ces salles par un couloir. Primitivement, on le sait par Hérodote et par la pyramide de Mycérinus, un beau revêtement de calcaire et de granit couvrait les quatre faces des pyramides et cachait ainsi l'entrée du couloir; ce couloir lui-même était obstrué par une grande quantité de débris. Enfin, dans la grande pyramide, la chambre du sarcophage était fermée par quatre dalles énormes de granit, glissant dans des rainures. Toutes ces précautions avaient pour but de dissimuler l'entrée du tombeau et d'en empêcher la violation.

Hérodote raconte que les rois Kéops et Képhren, pour achever la construction de leurs magnifiques tombeaux, écrasèrent leurs sujets sous des corvées effrayantes et épuisèrent leur trésor. On a retrouvé, en effet, dans un puits voisin, les débris des statues de Képhren, brisées, comme le dit le vieil historien, par la fureur populaire; néanmoins, sous leur règne, la prospérité de l'Égypte fut portée à son plus haut degré par une sage administration, et si leur pouvoir fut lourd, ils n'en comptent pas moins parmi les grands pharaons de l'Égypte. Sans chercher des conquêtes au dehors, ils protégèrent le pays contre ses ennemis et développèrent à l'intérieur une grande richesse. A l'extérieur, ils se bornèrent à l'occupation du Sinaï et à l'exploitation de ses mines.

Civilisation sous l'ancien empire. — La prospérité de l'Égypte se maintint encore jusqu'à la 6e dynastie, où il suffit de citer le nom de Papi Ier, dont le ministre Ouni dirigea avec succès une importante expédition contre les Bédouins du Sinaï.

Alors l'Égypte nous apparaît en possession d'une civilisation à laquelle les siècles suivants n'ajouteront plus rien. Les classes moyennes jouissent d'une grande aisance; chez les riches, le luxe du mobilier, du vêtement, de la parure n'a rien à envier, même à notre époque.

Lettres. — Comme les rois assyriens, les pharaons et les princes ont leurs bibliothèques, où se trouvent des livres nombreux sur la religion, l'histoire, les sciences. A la bibliothèque royale est préposé le *gouverneur de la maison des livres.*

Arts. — Quant aux arts, ils sont cultivés avec une perfection que l'on retrouve à peine sous le moyen empire. En architecture, les grandes pyramides sont de véritables merveilles de difficultés vaincues. Dans les tombes du vieil empire, on retrouve ces statues de bois ou de pierre[1], un peu rudes dans leurs mouvements, mais parfaites pour l'expression et la noblesse des traits; des bas-reliefs pleins de vie, qui retracent les mœurs de ces temps lointains. Le sarcophage de Mycérinus était un magnifique morceau de sculpture; mais il a péri avec le vaisseau qui le transportait en Angleterre.

Gouvernement. — Enfin les Egyptiens jouissaient dès cette époque de mœurs sages et policées. Ils étaient dirigés par une monarchie absolue, divine, puisque les rois descendent tous, selon la croyance populaire, du dieu Râ ou Soleil. Ces rois ont pour les aider une hiérarchie parfaite de fonctionnaires. Nous avons parlé du gouverneur de la maison des livres; il y avait aussi le *ministre du labourage*, le *ministre des constructions du roi,* le *chef des greffiers royaux* ou grand chancelier. En un mot, l'administration y était organisée dans ses diverses branches comme celle des gouvernements actuels.

[1] Musée de Boulaq, où l'on admire, entre autres, la statue en bois du *Cheik-el-beled,* et la statue en diorite de *Képhren.* — Le musée du Louvre renferme aussi de beaux spécimens en bois ou en pierre de la sculpture sous l'*ancien empire.*

CHAPITRE III

PÉRIODE THÉBAINE (MOYEN EMPIRE)

Nous comprenons dans cette période les dynasties qui vont de la 11e à la 20e. Sous les dernières dynasties de l'ancien empire, il y avait eu décadence dans les arts, dans la prospérité matérielle, dans la puissance royale. Mais avec la 11e et surtout la 12e dynastie, l'Egypte reprend sa marche ascendante. Pendant le moyen empire, le centre du pouvoir se déplace et se transporte de Memphis à Thèbes, ville de la Haute-Egypte fondée vers la fin de l'ancien empire. Les rois thébains eurent une politique différente de celle des dynasties précédentes. Ils cherchèrent des conquêtes au dehors : la principale occupation des Aménemhat et des Ousortesen fut d'étendre l'Egypte vers le Sud en conquérant l'Ethiopie.

I. — Douzième dynastie.

Des rois de cette dynastie, le plus célèbre est *Aménemhat III*, qui fit construire, dit-on, le lac Mœris et le Labyrinthe.

Lac Mœris. — Le lac Mœris (en égyptien, *Meri*, lac) devait servir à régulariser les inondations du Nil. A l'extrémité nord du Bahr-Youssouf, bras du Nil parallèle au cours principal, le pharaon fit creuser un réservoir qui recueillait l'excès des eaux dans les inondations trop considérables : ces eaux, en séjournant trop longtemps sur le sol et en retardant trop les semailles, faisaient manquer la récolte. Si au contraire l'inondation était trop faible, on lâchait la réserve du lac et on arrosait ainsi des cantons qui autrement seraient restés à sec.

Au milieu du lac s'élevaient deux pyramides sur lesquelles se dressaient les statues colossales du roi et de sa femme.

Labyrinthe. — Près du lac, Aménemhat III avait fait construire un immense palais, le Labyrinthe. Ses nombreuses salles souterraines étaient destinées à la sépulture des Apis. Il ne reste de

Le sphinx de Tanis.

lui que des ruines informes. Le lac Mœris est maintenant en partie ensablé, mais on a pu en déterminer les anciens contours.

II. — Invasion des pasteurs (vers 2300 av. J.-C.).

Après la 12e dynastie, Thèbes fut abandonnée par les pharaons, qui s'établirent dans le Delta. Sous la 14e dynastie, leur capitale était Xoïs. La puissance royale avait alors, entre les mains de faibles rois, perdu beaucoup de son prestige, et les princes, gouverneurs des nomes, avaient usurpé une autorité presque souveraine; ils refusaient obéissance au pharaon et guerroyaient entre eux.

Ce fut au milieu de cette anarchie, qu'eut lieu l'invasions des pasteurs.

Venus du pays de Chanaan, un peu avant la vocation d'Abraham, les pasteurs entrèrent en Egypte par l'isthme de Péluse. Ils brûlèrent les villes, renversèrent les temples, égorgèrent ou réduisirent en esclavage les habitants. Memphis, puis Tanis, furent leurs capitales. Péluse, fortifiée, ferma l'isthme à de nouvelles invasions venant de Syrie; en même temps une armée de 200 000 hommes s'exerçait continuellement dans cette citadelle, et d'autres forteresses assuraient la frontière du sud contre les princes thébains restés indépendants.

Cependant peu à peu les pasteurs se mêlèrent par des mariages avec les populations égyptiennes. Leurs rois (*Hyksos*) gouvernèrent à la manière des pharaons, honorèrent les dieux égyptiens et se mirent à cultiver les arts.

C'est pendant la domination des Hyksos que Joseph, fils de Jacob, vint en Egypte. Il n'est pas étonnant que Jacob et ses fils, pasteurs de troupeaux eux aussi, aient été bien reçus par un roi de même origine.

III. — Période glorieuse : 18e, 19e, 20e dynastie.

18e dynastie. — AHMOSIS. — Cependant au bout de cinq siècles, les princes de la Haute-Egypte ou Thébaïde se liguèrent sous la conduite d'Ahmosis et chassèrent d'Egypte les pasteurs, qui retournèrent dans leur pays par l'isthme de Péluse.

THOUTMOSIS III. — Les successeurs d'Ahmosis essayèrent les uns d'étendre l'Egypte vers le sud, en Nubie; les autres, d'occuper les pays arrosés par le Jourdain et l'Oronte : Palestine, Phénicie, pays des Khittis.

Temple d'Esneh, reconstruit par Thoutmosis III.

Thoutmosis III vint affermir et étendre ces conquêtes. En Afrique, il alla vers le sud conquérir l'Abyssinie; en Asie, il acheva la soumission de la Palestine, de la Phénicie, de la Syrie, et s'empara de la Babylonie, en mettant fin, comme nous l'avons dit plus haut, au vieil empire de Chaldée.

Jusqu'alors ces peuples des bords de la Méditerranée orientale avaient subi l'influence chaldéenne; la langue de Babylone y était partout comprise et on s'y servait le plus souvent de l'écriture cunéiforme. Par une très habile politique, Thoutmosis III laissa à tous ces peuples leurs lois et leur manière de se gouverner, se contentant d'envoyer chez eux des officiers chargés de lever les tributs et de régler toutes les affaires.

19e dynastie. — Séti Ier. — ***Ses guerres.*** — Malgré l'éclat jeté par les rois de cette dynastie, la puissance égyptienne commence à être à ce moment fortement battue en brèche par les Khittis, peuple guerrier qui habitait au nord de la Phénicie. Les Khittis avaient remonté la vallée de l'Oronte et avaient mis la main sur Karchémis, ville de l'Euphrate, sur la Syrie et la Phénicie.

Séti Ier, après avoir ramené à l'intérieur l'ordre fortement troublé par les princes égyptiens, replaça sous sa domination la Palestine, la Phénicie, la Syrie et la Mésopotamie. Marchant plus au nord, il battit et soumit les Khittis, auxquels il reprit Karchémis; puis il revint en Egypte avec un butin immense.

Ses travaux. — Dès lors la paix régna dans le pays et avec elle, pendant les cinquante années du gouvernement de Séti Ier, la prospérité ne cessa de grandir. Séti fit construire la fameuse salle hypostyle de Karnak, sur les murailles de laquelle sont racontés ses exploits et dont on admire aujourd'hui les ruines. Une inscription permet encore de supposer qu'il commença le canal reliant le Nil à la mer Rouge, achevé plus tard sous la dynastie saïte.

Ramsès II (Sésostris), vers la fin du xive siècle.

Fils de Séti Ier, Ramsès II[1] annonça dès son enfance un prince énergique et vaillant; de plus

Palais de Karnak.

une éducation guerrière l'avait endurci à tous les

[1] Une de ses statues, chef-d'œuvre de la sculpture égyptienne, se trouve au musée de Turin.

travaux et à toutes les luttes, car dès l'âge de dix ans il guerroyait en Syrie avec les soldats de son père. Cependant les poètes et littérateurs égyptiens, gagés par lui, ont beaucoup trop surfait sa gloire de conquérant.

Ses guerres. — Tout son règne se passa en effet à essayer la soumission des fameux Khittis soulevés dès la mort de Séti Ier. Il y arriva à peine après vingt ans d'une lutte opiniâtre, chantée dans le poème de *Pentaour* et racontée sur les murs du Ramesséum de Thèbes. La guerre se termina par un traité fort curieux, où l'on voit discutées, non plus seulement les conditions de la cessation des hostilités, mais les questions actuelles de relations commerciales, l'établissement des sujets de chacune des deux nations sur le territoire de l'autre, l'extradition des criminels et des transfuges. En somme les Khittis y étaient déclarés à peu près indépendants et, pour assurer la paix, Ramsès prit pour femme une fille du roi des Khittis.

Ses travaux. — Libre de toute guerre, il s'occupa de constructions, dont les plus célèbres sont les deux temples souterrains d'Ipsamboul, en Nubie; le Ramesséum de Thèbes et les obélisques de Louqsor, dont l'un se dresse aujourd'hui sur la place de la Concorde à Paris. Sa gloire comme constructeur est grande, mais il la ternit en s'attribuant des monuments sur le fronton desquels il fit gratter le nom du véritable constructeur pour y substituer le sien.

Son administration. — Ramsès II fut un tyran cruel et débauché. C'est lui qui porta le décret forçant les Hébreux à jeter dans le Nil leurs enfants mâles et les accabla de travaux incessants. Manquant de bras pour ses grandes entreprises, il faisait des razzias parmi les malheureuses tribus nègres du sud. Ses propres sujets n'étaient guère plus heureux, pressurés sans cesse qu'ils étaient par les corvées et les exactions des percepteurs royaux.

Avec Sésostris finit la plus belle partie de l'histoire d'Egypte. Sous Séti II, son petit-fils, la sortie des Hébreux sous la conduite de Moïse priva le pays de trois millions d'habitants laborieux. De terribles invasions mirent alors plus d'une fois l'Egypte à deux doigts de sa perte. Seul Ramsès III de la 20e dynastie parvint à rendre à son royaume une partie de son ancienne prospérité.

IV. — Décadence.

Après la 20e dynastie, la royauté unique des Séti et des Ramsès se divisa. On vit apparaître régnant simultanément les dynasties tanite et bubastite du Delta. Pendant les compétitions de ces princes, les Assyriens, les Ethiopiens occupèrent tour à tour l'Egypte. Mais une troisième dynastie, celle de Saïs, avait acquis lentement une plus grande influence dans le Delta et s'était maintenue au milieu des incursions incessantes des Assyriens sous Sennachérib, Assar-addon, Assourbanipal. A la fin, le chef de cette dynastie, Psammétique, était un des douze rois qui s'étaient partagé l'Egypte. Ces douze rois s'étaient promis une étroite amitié et s'étaient engagés à se défendre les uns les autres.

CHAPITRE IV

PÉRIODE SAÏTE (NOUVEL EMPIRE)

Dans cette période nous ne parlerons que de la 26e dynastie. Les autres dynasties furent peu glorieuses; d'ailleurs l'histoire de l'ancienne Egypte s'arrête en réalité à sa conquête par les Perses. Pendant la 26e dynastie, les pharaons essayèrent en vain de faire au dehors des conquêtes; mais du moins par la richesse qu'ils développèrent, par la délicatesse, la variété et l'élégance qu'ils surent donner aux arts, par l'influence grecque qu'ils introduisirent en Egypte, méritent-ils d'être spécialement étudiés.

I. — Psammétique (671-617).

Il régnait en paix à Saïs depuis quinze ans, avec les onze rois ses collègues, quand, à la suite d'un différend, ceux-ci lui déclarèrent la guerre.

Psammétique, vaincu, alla se cacher dans la région marécageuse et couverte de plantes aquatiques que formait alors le Delta. Des Grecs, hardis pillards, abordèrent à ce moment sur la côte. Armés de leurs cuirasses, ils jetaient l'épouvante de tous côtés par leurs déprédations, quand ses compagnons vinrent annoncer à Psammétique qu'ils avaient rencontré des inconnus, des hommes d'airain, devant lesquels ils s'étaient enfuis. Psammétique se mit en relation avec ces aventuriers, les prit à sa solde et, à leur tête, marcha contre les rois ses ennemis. Il les battit à Momemphis, et devint seul roi de toute l'Egypte (656).

Prospérité de l'Egypte. — Devenu seul roi, Psammétique rétablit l'ordre dans toutes les administrations. Il fit fleurir l'industrie, les lettres et les arts. On a retrouvé de cette époque des peintures, des statuettes en or et en argent, des bijoux d'un travail exquis. Psammétique restaura aussi les temples en ruines. Il remit en culture, en déblayant d'anciens canaux et en creusant de nouveaux, des terrains restés infertiles. Enfin il favorisa le commerce en réparant les routes et en encourageant les relations commerciales avec les Grecs et les Phéniciens.

Pour maintenir son autorité il conserva et augmenta son armée de mercenaires et la cantonna non loin de Bubaste.

Mécontentement des Egyptiens. — Mais, épris de la civilisation grecque, Psammétique favorisa les Grecs à ce point qu'il mécontenta les Egyptiens. Il voulut introduire en Egypte le système d'éducation grecque; ils s'en servit même pour ses enfants et ceux de plusieurs familles nobles. Il combla de faveurs les mercenaires et choisit parmi eux sa garde. Ces prédilections et ces faveurs irritèrent les hautes classes.

Les guerriers égyptiens, se voyant dédaignés, se décidèrent à quitter le pays. Psammétique, accouru en hâte, les supplia de rester, leur rappela que l'Egypte était leur patrie. « Nous trouverons une patrie tant que nous aurons des armes, » dirent-ils. Et presque toute l'armée (200 000 hommes) se retira en Ethiopie.

II. — Néchao (617-601).

Néchao, malgré cette leçon, continua à favoriser les Grecs et à s'appuyer sur les mercenaires.

Ses travaux. — Désireux d'avoir une flotte, comme autrefois Thoutmosis III, et n'ayant pas en Egypte de bois de construction, il résolut de s'emparer des forêts du Liban, qui couvrent le nord de la Palestine et de la Phénicie. Il battit le roi de Juda, Josias, à Mageddo et s'empara de tout le Liban.

Une fois en possession d'une flotte, il voulut pouvoir la faire passer de la Méditerranée dans la mer Rouge et essaya l'achèvement du canal commencé par Séti Ier. Mais les maladies, faisant mourir ses ouvriers, l'obligèrent à cesser son entreprise.

Enfin, sur ses ordres, des marins phéniciens firent la circumnavigation de l'Afrique. Partis de la mer Rouge, ils revinrent après trois ans aux bouches du Nil; mais la relation de leur voyage est perdue.

Ses guerres. — La première, nous venons de le dire, fut entreprise contre le roi de Juda et terminée heureusement à Mageddo. Mais elle eut comme conséquence une seconde guerre. La chaîne du Liban se rapproche, dans sa partie nord, de la vallée de l'Euphrate et touche à l'oasis de Khalep, ville de Syrie, possédée alors par Nabopolassar. Celui-ci, voyant les Égyptiens si près de son empire, envoya contre eux son fils Nabuchodonosor. Les deux armées se rencontrèrent à Karchemis sur l'Euphrate, où Néchao fut complètement défait (606). Néchao mourut quelques années après ce revers.

III. — Psammétique II (601-595).

Psammétique II mourut après un règne court, dont le seul événement fut une expédition contre l'Ethiopie.

IV. — Apriès (595-570).

Guerre contre Cypre et la Phénicie. — Apriès eut les mêmes ambitions que Néchao. Avec une flotte nombreuse, il attaqua l'île de Cypre, puis

Sidon et les autres ports de Phénicie. Mais tous ses efforts eurent des résultats peu brillants.

Guerre contre les Chaldéens. — Un peu plus tard, Apriès réunit dans une ligue contre Nabuchodonosor les Phéniciens et le roi de Juda, Sédécias, que le roi de Babylone avait établi à Jérusalem, pour gouverner en son nom. Pour recouvrer son indépendance, Sédécias accepta l'alliance d'Apriès et commença aussitôt la guerre. Mais, nous l'avons vu, Nabuchodonosor vainquit les Juifs et les Phéniciens; puis, poursuivant Apriès, pénétra en l'Egypte et ravagea le Delta.

Guerre contre Cyrène. — Apriès crut qu'il viendrait plus facilement à bout de Cyrène, colonie grecque située sur la mer, à l'ouest du Delta. Mais son armée fut complètement battue. Ses soldats, croyant qu'on les avait trahis, se révoltèrent, et toute l'Égypte se mit de leur parti. Apriès envoya, pour les faire rentrer dans le devoir, un de ses ministres, Amasis. Les soldats, au lieu d'écouter Amasis, le proclamèrent roi, et il accepta son nouveau rôle. Un second envoyé vint, de la part d'Apriès, le prier de revenir et de rendre compte de sa mission. « Va dire à ton maître, répondit Amasis, qu'il me verra bientôt en nombreuse compagnie. » Apriès, furieux à cette nouvelle, fit couper le nez et les oreilles au malheureux messager, puis partit de Saïs à la tête des mercenaires. Il rencontra les révoltés à Momemphis, où il fut battu et fait prisonnier. Amasis le traita d'abord avec bonté; mais les Égyptiens, irrités et soupçonneux, exigèrent qu'il leur fût livré, et ils l'étranglèrent.

V. — Amasis (570-525).

Amasis se garda bien de dissoudre les restes des troupes mercenaires; il les campa seulement près de Memphis, résolu à ne plus s'occuper que de l'administration du pays.

D'origine obscure, il commença par épouser une fille de Psammétique II, afin d'entrer par là dans la famille divine des pharaons, fils de Râ. Mais il se rendit surtout les Egyptiens favorables en élevant des temples magnifiques, comme la chambre monolithe d'Eléphantine, et en s'occupant des progrès de l'agriculture. Il développa aussi le commerce avec les Grecs, auxquels il permit, non seulement de s'établir dans le port de Naucratis, mais de bâtir des temples dans certaines villes, afin de pouvoir y accomplir les cérémonies de leur culte.

VI. — Psammétique III. — Conquête de l'Égypte par les Perses (525).

Cependant la richesse matérielle, le brillant essor des arts sous Amasis, ne pouvaient compenser l'absence d'une force militaire suffisante. L'Egypte, dépourvue d'armée, était à la merci de la première invasion.

Cambyse, roi de Perse, déjà maître de toute l'Asie, résolut de conquérir l'Égypte. Grâce aux Arabes, qui lui apportèrent dans le désert d'Edom l'eau et les vivres nécessaires, il put transporter son armée jusqu'à Péluse. Là se livra une bataille acharnée; les mercenaires égyptiens firent preuve d'un courage indomptable, mais à la fin ils plièrent et s'enfuirent à Memphis.

Amasis était mort dès le début de l'invasion. Son fils, Psammétique III, résista trois jours dans Memphis; il se rendit et fut égorgé. L'Egypte devenait pour soixante ans une province perse (525).

CHAPITRE V

RELIGION — MŒURS — INSTITUTIONS

I. — Religion.

On l'a dit avec raison, les Égyptiens étaient de tous les peuples anciens le plus religieux, et, à la simple vue des innombrables bas-reliefs ou peintures retrouvés dans les temples et les tombeaux, on pourrait croire « que le pays était habité par des dieux et contenait d'hommes et d'animaux juste ce qu'il fallait pour les besoins du culte ». (MASPERO).

Les Egyptiens adoraient sous des noms divers, soit les forces terrestres, comme le Nil fécondant et nourricier, la terre noire et fertile; soit les phénomènes célestes, les astres, leur lumière étincelante. Leurs dieux peuvent donc se diviser en deux catégories, les dieux-terre et les dieux-ciel.

Principales divinités. — Chacun des nomes d'Egypte avait son dieu ou sa déesse, dont la puissance souveraine dominait celle des autres dieux, mais expirait aux limites mêmes du nome. Phtah (*la terre en général*) régnait à Memphis; Amon (*la terre féconde*), à Thèbes; Râ (*le soleil*) à Héliopolis; Isis (*le terreau noir*), à Bouto, etc.

Triades divines. — Plus tard les collèges de prêtres organisèrent leurs dieux en triades et en ennéades (*réunion de neuf divinités*). La forme parfaite de la triade comportait un dieu, la déesse épouse et l'enfant né de leur union. A Thèbes régnaient, avec *Amon*, la déesse *Maut* et leur fils, *Kons;* à Abydos, *Osiris* (*le Nil*) avec Isis et Horus. Parfois ces dieux représentaient des principes ennemis. Sît ou Typhon (*la terre non arrosée et inféconde, ou mieux les sables du désert*) était naturellement l'ennemi d'Osiris et d'Isis. Un jour Sît tua Osiris et le cacha dans les roseaux du Nil. Isis, en pleurs, se mit à sa recherche avec son fils Horus, le découvrit et lui rendit la vie.

II. — De la nature des dieux. — Culte.

Leur corps. — Tous ces dieux avaient un corps d'homme ou une forme d'animal réel ou fantastique, ou enfin un corps humain avec une tête de bête. Pourquoi ces formes si diverses? on ne sait trop. Comme l'homme aussi, les dieux avaient une âme ou *double.* Ce double souvent se reposait sur une statue de pierre ou de métal, sur un animal, et la statue et l'animal devenaient le dieu lui-même; tel le taureau Apis, incarnation d'Osiris.

Bœuf Apis. — Cet animal se reconnaissait à certains signes. A sa mort, la population prenait le deuil; par contre sa naissance était célébrée par des réjouissances. Si cette naissance tardait, c'était un signe de la colère du dieu. Tous ces animaux-dieux, taureaux, béliers, chats, serpents, etc., avaient leurs temples et leurs prêtres. A leur mort, on les embaumait. Le *Sérapéum* de Memphis était destiné à la sépulture des Apis.

Nature des corps divins. — Quel que fût le corps du dieu, homme ou bête, ce corps était plus subtil que le nôtre et d'ordinaire invisible.

On ne pouvait le détruire, mais il avait besoin d'aliments, de boissons, de vêtements; il était sujet à la faim, parfois à la douleur; il vieillissait et mourait d'une certaine façon. Le dieu mort devenait pour chaque nome le dieu des morts; mais à la fin Osiris Kentamentît fut pour toute l'Egypte le dieu des enfers.

Culte des dieux. — Le culte, dans la religion égyptienne, consistait donc à offrir aux dieux ce dont ils avaient besoin pour subsister, viandes, pain, gâteaux, liqueurs et vêtements. En échange on réclamait d'eux les faveurs attendues, et ces faveurs, ils étaient obligés de les accorder quand, en faisant l'offrande ou le sacrifice, le prêtre avait accompli tous les rites et récité les formules prescrites par les rituels.

III. — Idée des Égyptiens sur l'âme après la mort. — Momies.

Les Égyptiens croyaient à l'existence de l'âme; mais cette âme, sorte d'ombre, avait exactement la forme du corps. C'était son *double*. Pour subsister, le double avait continuellement besoin du corps, sinon il s'évanouissait lentement au milieu de tourments inexprimables.

Pour ce motif les Égyptiens cherchaient à conserver indéfiniment le corps humain, afin que toujours il pût servir de siège au double. Prévoyant même le cas où la momie serait détruite par la corruption ou par des voleurs qui viendraient dérober ses bijoux, ils plaçaient dans un endroit secret du tombeau des statuettes, portraits du défunt qui remplaceraient la momie. La momie, ou cadavre embaumé du défunt, était enfermée dans une boîte en bois léger ou en treillis, qui avait la forme générale du corps et laissait le visage à découvert. La boîte elle-même, si le défunt était riche, était placée dans un sarcophage en granit ou en grès.

IV. — Jugement des morts.

Les Grecs racontent qu'un jugement public avait lieu sur terre pour chaque roi défunt, afin de savoir s'il méritait ou non la sépulture. C'est une erreur. Après la mort, l'âme des rois comme celle des sujets descendait dans les enfers par le trou de Péga, non loin d'Abydos. Arrivée devant le tribunal terrible d'Osiris Kentamentît et des quarante juges, l'âme saluait et racontait ses bonnes actions; puis on pesait son cœur, et sitôt entrée dans ses droits d'âme juste, elle recevait du dieu une maison, des champs, des vivres et vivait désormais dans les campagnes d'*Ialou*, séjour divin.

V. — Vie des âmes.

Il ne faut pas songer à expliquer tous ces dogmes égyptiens qui, se superposant les uns aux autres dans la suite des temps, n'ont pas toujours songé à s'accorder entre eux. Pour les anciens Egyptiens comme pour les anciens Assyriens, l'âme, se reposant sur le corps, continuait dans son tombeau sa vie terrestre. Plus tard les Egyptiens placèrent les âmes dans ce séjour heureux d'*Ialou*, où elles reprenaient leurs occupations terrestres, labourage, pêche, chasse, plaisirs de toutes sortes. Elles payaient même à Osiris la dîme des offrandes que les vivants leur faisaient dans leur tombeau, ou des récoltes de leurs champs infernaux. Seulement, pour consoler les âmes des malheureux fellahs qui sur terre avaient déjà pioché, peiné, sué toute leur vie, comme aussi pour épargner trop de fatigues aux âmes des riches, on plaçait dans le tombeau de nombreuses statuettes armées de houes, de pioches, etc. On récitait sur ces statues une formule magique qui les animait; et quand Osiris Kentamentît appelait les âmes au travail, les bonshommes de pierre ou de terre cuite répondaient pour le mort, labouraient, piochaient, travaillaient, tandis que lui-même se promenait en barque, jouait aux dames avec ses femmes, chassait, lisait. Ces statuettes étaient des *répondants*. (*Ouaschbiti*).

VI. — Tombeaux.

Les momies étaient ensevelies dans des tombeaux qui variaient de forme suivant la fortune de chacun. Mais quelle qu'ait été la tombe, on apportait toujours le plus grand soin à cacher la momie afin de la dérober aux profanations.

1° *La pyramide*. — Les rois et les riches se servaient de la pyramide, plus ou moins élevée. L'Egypte en possède de nombreuses. Quelques-unes sont à degrés, comme la grande pyramide de Saqqarah; mais on pense que cette forme vient de l'inachèvement du monument. Tantôt la momie était cachée dans une chambre secrète, tantôt elle était dans un puits creusé sous la pyramide ou à côté, mais toujours soigneusement dérobée à la vue.

2° *Le mastaba*. — Le mastaba était employé aussi par les riches et les nobles dès l'ancien empire. A côté de Memphis, à Gizeh, les mastabas forment, comme à Saqqarah, une immense cité mortuaire plus grande que la cité des vivants. Cependant les pauvres n'avaient, après un simple embaumement, que le sable pour toute sépulture. Le mastaba complet était une construction carrée en moellons, avec toit plat. Il était composé de trois parties :

La chambre des cérémonies, où on servait les repas funèbres, où les parents se réunissaient en l'honneur du mort à des époques fixes. Les parents prenaient eux-mêmes le repas, mais y faisaient participer le mort en récitant certaines formules magiques. Le double, nous l'avons dit, avait besoin des mêmes aliments que les vivants et il aimait à goûter après la mort les mêmes plaisirs qui l'avaient charmé pendant sa vie. Les murs étaient pour ce motif couverts de peintures donnant des scènes de guerre, de chasse, de pêche, d'agriculture, suivant les goûts antérieurs du mort. Après le repas on récitait de nouvelles prières magiques qui faisaient goûter au mort les plaisirs des scènes représentées sur les murs.

Derrière la chambre des cérémonies était le *serdab*, couloir étroit et secret où on cachait une ou plusieurs statues du défunt, qui devaient servir de siège au double en cas de décomposition ou de destruction de la momie.

Enfin au-dessous du mastaba était creusé un puits très profond, dont l'orifice était sur le toit du mastaba et qui descendait dans l'intérieur de la muraille, puis dans le roc. Au bas du puits un petit couloir menait à une chambre nue, où l'on déposait le sarcophage. Le puits était toujours comblé de débris et de terre tassée, et l'orifice soigneusement caché.

3° *Spéos, syringe.* — A la fin de la période thébaine on prit l'habitude de creuser dans les flancs de la chaîne libyque des cavernes (en grec, *spéos*) dont les murs étaient couverts de riches peintures ou de bas-reliefs. Une belle entrée y donnait accès. Telles sont les belles tombes de *Beni-Hassan*. C'est dans les tombes de cette époque que l'on commence à trouver en foule ces statuettes des *répondants* dont il a été parlé plus haut. Mais les rois se faisaient construire dans le roc de larges corridors (*syringes*), sur le parcours desquels se trouvaient des chambres plus ou moins nombreuses : ils avaient parfois jusqu'à cinquante mètres de long. Parmi les chambres, une ou deux cachées avec soin contenaient les sarcophages du pharaon et de sa femme. Les murailles des chambres et du couloir étaient couvertes de peintures racontant la vie du roi défunt; ces peintures ont conservé toute leur fraîcheur. C'est dans une sy-

Momie de Sésostris.

ringe qu'a été dernièrement découverte la momie

de Ramsès II. La syringe une fois terminée, on amoncelait à l'entrée tous les débris provenant de la fouille : c'est ce qui rend si difficile la découverte de ces monuments souterrains.

VII. — De l'art égyptien.

L'art égyptien est de tous le plus ancien; il est le plus original, car il n'a subi l'influence d'aucun art étranger; enfin il l'emporte sur tous les autres dans l'architecture par sa puissance majestueuse.

Peinture. — La peinture cependant n'a jamais guère dépassé en Égypte l'art de l'enluminure. Employant toujours la teinte plate, elle n'a connu ni l'usage des ombres, ni la perspective; elle servait uniquement à décorer les immenses et nombreux bas-reliefs des monuments ou des tombes. Les quelques peintures qui nous restent sont sur enduit de plâtre fin et datent de la seconde partie du moyen empire. La figure humaine n'y est représentée que de profil, à part deux ou trois exceptions.

Statuaire. — La statuaire n'a jamais su s'affranchir d'une certaine raideur dans le mouvement; le bas-relief reproduit trop souvent des poses conventionnelles et uniformes. Mais, en dehors de ces défauts, la sculpture se distinguait par l'expression, la noblesse de ses têtes, par la précision des traits, qui dans les bas-reliefs permet de distinguer rapidement les nationalités des personnages, enfin par la vie et le mouvement dans les scènes.

Architecture. — En Égypte, toutefois, la sculpture et la peinture n'étaient que les auxiliaires de l'architecture; leur emploi principal était d'orner les murailles des temples à l'intérieur et à l'extérieur, les parois des tombeaux. C'est par l'architecture que l'art égyptien prend immédiatement place par sa beauté, sa variété, la pureté et la simplicité de ses lignes après l'art grec; mais il est le premier par la puissance, la grandeur, la solidité. Les Egyptiens en effet ont semblé bâtir pour l'éternité ces vastes salles dont les murailles racontent la vie de leur constructeur, ces temples aux massives colonnes, sur lesquelles s'appuient des dalles énormes, et précédés de *pylônes* grandioses.

VIII. — Arts industriels.

Les Egyptiens, dès l'ancien empire, connaissaient, comme les Assyriens, la fabrication de l'émail, dont ils recouvraient des plaques d'argile, leurs poteries, leurs figurines funéraires. Ils savaient aussi tisser et broder de belles étoffes. On retrouve enfin chez eux de nombreux objets en verre coloré, même des figurines.

Leurs bijoux d'or, leurs pierres fines sculptées ou gravées, leurs objets d'ivoire sont des chefs-d'œuvre de patience, de finesse et de goût. Dès la 18e dynastie, les Phéniciens venaient acheter ces produits et allaient les revendre en Assyrie, en Grèce, où de vieux tombeaux nous les ont rendus, en Italie, en Afrique.

Les meubles remplissant la riche maison égyptienne : tables, fauteuils, lits incrustés de métal ou d'ivoire, consoles à placer les vases de fleurs ou les objets de prix, indiquent quelle vie raffinée menait le grand seigneur de Memphis ou de Thèbes.

IX. — La société égyptienne.

A la tête de cette société se trouve le pharaon : ce n'est pas un homme, c'est un dieu; le *dieu bon*, descendant de Râ, et il est adoré, servi, obéi en conséquence. Il vit dans un palais de construction légère, en briques et en bois, bâti pour lui seul et que son successeur n'habitera pas. Un mur solide l'entoure et le protège. A ce palais se rattachent de nombreuses dépendances, les *hôtels* où sont serrés les provisions, les liquides, vin ou bière, la lingerie. Toutes ces choses proviennent

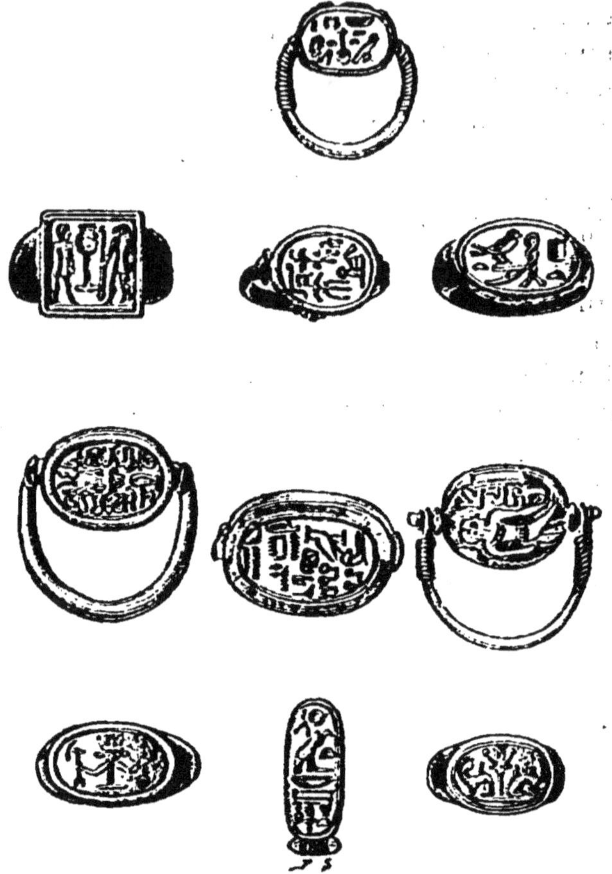

Bijoux égyptiens.

des fermes royales ou des impôts qui sont payés en nature et jamais en argent. Les hôtels ont leurs préposés et le palais abrite tout un monde de serviteurs dont les attributions sont nettement distribuées : officiers du palais, coiffeurs, lavandiers, boulangers, cuisiniers, confiseurs. Que ne fallait-il pas pour nourrir tant de gens, fiers d'être de la domesticité du monarque? D'ailleurs tout Égyptien, même le plus pauvre fellah, venant au palais pour affaire, avait droit d'y prendre ses repas.

Au-dessous du roi venaient les nobles, princes de nome ou autres, les prêtres, les hauts fonctionnaires, les soldats; ils possédaient, avec le pharaon, toute la terre d'Egypte.

Les classes inférieures des agriculteurs, des artisans, des pâtres, etc., s'échelonnaient après les hautes classes. Il n'est pas vrai que ces classes formaient des castes fermées : de nombreux exemples prouvent que certains, sortis des rangs du peuple, sont arrivés aux plus hautes charges; c'était tout au plus des corporations où les enfants suivaient la même carrière que leur père.

TROISIÈME PARTIE

MÈDES ET PERSES

CHAPITRE I

NOTIONS PRÉLIMINAIRES

I. — Description géographique.

La Médie et la Perse occupent l'ouest du vaste plateau de l'Iran. Ce plateau s'étend des monts Elbourz, situés au sud de la Caspienne, jusqu'à la ligne de hauteurs parallèles à l'océan Indien, et des monts Zagros jusqu'à l'Indus.

La Médie et la Perse avaient pour limites au nord la Caspienne et la chaîne de l'Elbourz; à l'est la Parthie et le désert de Carmanie; au sud la mer Erythrée (*golfe d'Oman*) et le golfe Persique; à l'ouest le Zagros et le massif de l'Ararat, en Arménie.

Les Mèdes, après avoir dompté les tribus touraniennes maîtresses de ce pays, occupèrent la région qui entoure le lac Spauta (*Ourmiah*) et les vallées qui s'étendent vers le sud-est. Ecbatane était leur capitale. Les Perses s'établirent dans la plaine du sud et dans la région plus accidentée où se bâtirent Persépolis et Pasagarde.

Aucun cours d'eau important ne parcourt le pays. Au pied des montagnes du nord et de l'ouest, les vallées fécondes de la Médie et de la Perse sont arrosées par un seul fleuve, le *Karoun* ou Choaspes, par des rivières ou des aqueducs souterrains nommés *kanots*. La plaine, dont le sol est perméable, possède de nombreuses nappes d'eau souterraines, d'où les habitants tirent l'eau nécessaire pour féconder quelques coins de terre.

II. — Climat.

Le plateau de l'Iran, qui a en moyenne 1200 mètres d'altitude, jouit d'un climat très sec; car les pluies, arrêtées par les massifs de l'Elbourz et du Zagros, n'y tombent que rarement. Le voisinage des montagnes amène des hivers très rigoureux, surtout en Médie; en été des chaleurs intenses brûlent les vallées.

III. — Produits.

Les montagnes, au sud de la Caspienne, sont, en certains cantons, couvertes de belles forêts de peupliers, de chênes et de pins. Le Zagros a moins de forêts; mais le poirier, le cerisier, l'olivier, le cognassier y forment parfois de véritables vergers naturels; la vigne européenne semble aussi être venue de ces régions, avec les pois et les raves de nos jardins.

Là où peuvent se faire les irrigations, la plaine produit en abondance le blé, l'orge et le seigle. Le littoral du golfe Persique et de l'océan Indien est aride et sablonneux; il ne produit que le palmier.

La Médie ancienne possédait de belles prairies, où paissaient de belles races de chevaux. Les Perses étaient surtout des agriculteurs.

IV. — Origine des Mèdes et des Perses.

Les Mèdes et les Perses descendaient de Japhet. Ayant même origine, ils avaient en outre émigré ensemble des plaines de la Bactriane, et vécu longtemps les uns à côté des autres. Aussi avaient-ils même langue et même religion.

Longtemps ils ne formèrent que des tribus, souvent soumises aux Assyriens et aux Babyloniens. Les Mèdes, les premiers, s'organisèrent en royaume vers 700 ans avant J.-C.

V. — Sources de l'histoire des Mèdes et des Perses.

L'histoire des Mèdes et des Perses nous a été transmise pour la plus grande part par les Grecs Hérodote, Ctésias, Diodore de Sicile. Mais l'étude des monuments de l'ancienne Perse est venue confirmer, corriger quelquefois, et compléter les renseignements des historiens grecs. Comme je l'ai dit à propos des inscriptions assyriennes, les caractères cunéiformes perses purent être lus complètement dès 1836 par MM. Grotefend, Lassen et Burnouf.

Parmi les inscriptions de la Perse, les plus célèbres sont celles du rocher de *Béhistoun*, où Darius raconte l'histoire d'une grande partie de son règne, et celle de son tombeau rupestre à *Nakch-i-Roustem*, où il énumère surtout les provinces de son vaste empire. Les explorateurs en ont relevé beaucoup d'autres, mais moins importantes, dans les ruines de Suse et de Persépolis.

M. et Mme Dieulafoy ont, il y a quelques années, fait à Persépolis et à Suse des fouilles très heureuses. Grâce à eux, le musée du Louvre est entré en possession des plus beaux et des plus nombreux spécimens de l'art perse.

CHAPITRE II

HISTOIRE DES MÈDES

I. — Déjocès.

On ne sait presque rien de l'histoire des Mèdes. Le premier de leurs rois aurait été Déjocès. Il bâtit, dit-on, Ecbatane, capitale de la Médie, organisa une armée, et régla par des lois sévères les marques de respect que les sujets doivent au roi (715).

Trente ans après lui, les Mèdes étaient déjà assez forts pour tenir tête à Assar-addon, roi d'Assyrie.

II. — Phraortes (655-625).

Un des successeurs de Déjocès fut Phraortes, qui réunit sous sa domination tout le pays au nord de la Médie jusqu'à la Caspienne, et l'Arménie. Mais, dans une guerre contre l'Assyrie, il fut vaincu par Assour-édil-ilani, et tué dans la bataille. Son fils, Cyaxare, rallia les restes de l'armée, et revint en Médie.

III. — Cyaxare (625-584).

Cyaxare est le véritable fondateur du royaume de Médie. Pendant la guerre de son père avec les Assyriens, il avait remarqué la belle discipline et l'organisation de l'armée ennemie. Il organisa la sienne sur ce modèle, sépara en bataillons distincts les piquiers, les archers et les cavaliers, qui jusqu'alors s'élançaient sur l'ennemi en cohue désordonnée.

Puis, quand il se sentit assez fort, il songea à

venger la défaite de son père et envahit l'Assyrie, dont les rois fainéants laissaient alors l'empire aller en décadence. A peine était-il entré en Assyrie, qu'une invasion de Scythes le rappela en Médie.

Invasion des Scythes. — Les Scythes étaient originaires du nord-ouest de l'Asie. Vivant de la vie nomade, ils ne possédaient ni champs, ni villes, ni demeures fixes. Ils avaient pénétré de l'Asie en Europe, et s'étaient répandus dans le sud de la Russie actuelle, au nord du Pont-Euxin (*mer Noire*). En poursuivant une tribu de Cimmériens, ils avaient traversé le Caucase et l'Arménie, puis envahi la Médie.

Destruction de Ninive. — Ils la dévastaient quand Cyaxare, l'apprenant, accourut d'Assyrie. Il dut d'abord céder et payer tribut ; mais bientôt il se débarrassa d'eux, soit par force, soit par ruse, et put reprendre son premier projet. Allié alors à Nabopolassar, gouverneur de Babylone, il prit Ninive, qu'il détruisit, et l'Assyrie devint province mède (625).

Guerre contre les Lydiens. — Une fois Ninive conquise, Cyaxare étendit ses États vers l'ouest, en Asie Mineure. Là, il se heurta sur les bords de l'Halys (*Kizil-Ermah*) aux Lydiens, que nous allons retrouver aux prises avec Cyrus. Mais une éclipse de soleil empêcha la bataille. Crésus, roi des Lydiens, fit l'alliance du sang avec Cyaxare, et l'Halys marqua la limite des deux empires (610).

IV. — Astyage (584-560).

Le dernier roi des Mèdes fut Astyage. Ce prince, efféminé et fastueux, ne fit rien de remarquable, et mourut en laissant une fille, Mandane, que la légende dit avoir été la mère de Cyrus.

P. Bineteau del.

CHAPITRE III

DYNASTIE PERSE

I. — Cyrus (560-530).

Jusqu'alors les Perses avaient vécu sous la domination des Mèdes, quand Cyrus, prince de la famille des Achéménides, résolut de secouer le joug des Mèdes et marcha contre Astyage, qu'il détrôna facilement. A ce changement de dynastie, les peuples d'Asie s'inquiétèrent de voir les Mèdes et les Perses réunis sous un roi jeune et entreprenant. Pour contenir son ambition, une vaste coalition se forma, dans laquelle entrèrent surtout les Babyloniens et les Lydiens.

Les Babyloniens, sous Nabunahid, n'étaient plus qu'un peuple amolli, incapable de grands efforts. Les Lydiens, au contraire, étaient une nation jeune et brave. Ils venaient de conquérir toute l'Asie Mineure orientale jusqu'à l'Halys. De plus, ils avaient acquis de grandes richesses, soit par leurs mines d'or, soit par l'agriculture et l'industrie. Leur roi Crésus possédait des trésors immenses. Aussi Cyrus s'occupa d'abord des Lydiens, ses plus dangereux ennemis.

Guerre contre les Lydiens. — Après avoir repoussé par deux victoires l'armée babylonienne, Cyrus la laissa retourner en Chaldée et marcha rapidement contre les Lydiens. Il les atteignit une première fois en Cappadoce, mais la bataille resta indécise. Crésus, voyant l'hiver approcher, s'imagina que Cyrus allait prendre ses quartiers d'hiver et ne l'attaquerait plus. Il retourna à Sardes, sa capitale, dispersa ses troupes, et invita ses alliés, les Babyloniens, les Egyptiens, les Grecs de Sparte, à se réunir au printemps pour venir le soutenir. Mais Cyrus savait de quelle importance il est à la guerre de se hâter. Après avoir remis de l'ordre dans son armée, il marcha sur Sardes, et y arriva au moment où Crésus l'y attendait le moins. Le siège commença aussitôt. La ville, située sur les bords de l'Hermus, était difficile à prendre, et le premier assaut échoua. Mais un soldat remarqua sur les flancs du rocher qui soutenait la citadelle un sentier non gardé. Il y grimpa, suivi de plusieurs de ses camarades, et Sardes tomba au pouvoir des Perses (546).

Conquête des villes grecques d'Asie Mineure. — De l'empire lydien dépendaient les colonies grecques d'Asie qui, très attachées à Crésus, refusèrent de se soumettre aux Perses. Cyrus envoya contre elles son général Harpage. Mais ces villes manifestèrent par leur glorieuse résistance leur patriotisme et leur amour de l'indépendance.

A *Phocée,* Harpage ne demandait, comme signe de soumission, que d'abattre un créneau des murs, et d'offrir à Cyrus une maison. Les Phocéens préférèrent abandonner la ville, montèrent sur leurs vaisseaux, et firent voile vers l'Occident. Une de leurs colonies fut Marseille.

A *Xanthe,* les citoyens osèrent offrir la bataille aux troupes perses. Malgré leur valeur, ils furent contraints de rentrer dans la ville. Ils réunirent alors tout ce qu'ils aimaient, tout ce qu'ils possédaient, femmes, enfants, richesses, mirent le feu à l'horrible bûcher, puis allèrent se faire tuer jusqu'au dernier.

Guerre contre Babylone. — Une fois les Lydiens soumis, Cyrus vint mettre le siège devant Babylone, où régnait alors Balthazar, fils de Nabunahid. Nous avons vu comment le prophète Daniel annonça la prise de la ville, la nuit même où les soldats perses pénétrèrent dans le quartier royal.

Cyrus fut ainsi maître de l'Asie, de la mer Egée jusqu'à l'Indus, de la Caspienne jusqu'à l'Arabie et à l'océan Indien.

C'est à ce moment qu'il rendit la liberté aux Juifs, en leur permettant de retourner en Judée et de rebâtir Jérusalem (536).

Mort de Cyrus. — Les historiens grecs racontent chacun à leur façon la mort de Cyrus. Hérodote nous dit qu'il mourut dans une guerre contre Tomyris, reine des Massagètes, dont il aurait en vain demandé la main. Constatons simplement que Cyrus disparut d'une façon mystérieuse.

II. — Cambyse (530-522).

Avant sa mort, Cyrus avait désigné, pour être son successeur, son fils aîné Cambyse. Puis, de plusieurs provinces, il avait formé un petit Etat à son second fils Smerdis. Il comptait ainsi prévenir les querelles entre ses enfants; mais son espoir fut trompé. Cambyse égorgea bientôt son frère, et le crime fut commis si secrètement, que le public l'ignora; on crut Smerdis simplement relégué dans un château éloigné.

Conquête de l'Egypte. — Débarrassé de son frère, Cambyse reprit la suite des conquêtes de son père Cyrus, et songea à s'emparer de l'Egypte. Le pharaon d'ailleurs méritait une punition pour s'être allié naguère aux Lydiens contre les Perses.

Le plus difficile pour ces derniers était de traverser avec une grande armée le désert, qui s'étend entre le sud de la Palestine et la forteresse de Péluse, à l'entrée de l'isthme. Le Grec Phanès, qui avait été autrefois à la solde du pharaon Amasis, conseilla à Cambyse de s'allier avec les Arabes du désert, et ceux-ci disposèrent le long de la route des vivres et de l'eau. Amasis étant mort sur ces entrefaites, son fils Psammétique III vint avec son armée devant Péluse livrer bataille aux Perses. Les mercenaires, avant le combat, égorgèrent les enfants de Phanès restés en Égypte, mêlèrent leur sang avec du vin, et burent cette affreuse boisson à la vue de l'armée ennemie. Malgré cet acte de sauvagerie, qui annonçait leur résolution, les Égyptiens furent vaincus. En quelques jours, le Delta fut soumis, Memphis ouvrit ses portes, et Psammétique III tomba aux mains de Cambyse. Celui-ci se vengea d'une façon atroce. Il réduisit en esclavage la fille du pharaon et de nombreuses princesses; il mit à mort le fils de Psammétique avec près de deux mille jeunes nobles; enfin, après avoir quelque temps épargné Psammétique, il le fit égorger (525).

Expéditions de Cambyse. — Cambyse, désirant achever sa conquête, envoya contre l'oasis d'Ammon une armée d'environ cinquante mille hommes. Cette armée périt tout entière au milieu d'une tempête de sable dans le désert.

Son expédition contre l'Ethiopie ne réussit pas mieux. Il s'était mis cependant lui-même à la tête de ses troupes; mais il n'avait pas encore fait la cinquième partie du chemin que les vivres manquèrent. On mangea les bêtes de somme, et quand celles-ci firent défaut à leur tour, il fallut se nourrir des rares herbes du désert. A la fin, l'armée fut réduite à la plus affreuse détresse; les soldats en vinrent à se manger entre eux, en tirant au sort celui qui devait être la victime. Il fallut bien alors revenir vers Thèbes, puis vers Memphis, où Cambyse arriva avec une faible portion de son armée.

Exaspéré par ce double malheur, il devint comme fou furieux. A son entrée à Memphis, il avait trouvé le peuple en fête, à cause de la découverte d'un nouveau bœuf Apis. Cambyse, s'imaginant qu'on célébrait sa défaite, ordonna de tuer les prêtres et perça lui-même l'Apis.

Folie de Cambyse. — Sa mort. — A partir de cette époque une tyrannie épouvantable pesa sur l'Egypte ; les Perses mêmes ne furent pas épargnés. Cambyse en vint à épouser sa propre sœur, qu'il tua ensuite à coups de pied. Un jour, il fit enterrer vivants, la tête en bas, douze nobles perses. Il tua d'une flèche, sous les yeux de son père, le fils de Prenaspe, qui lui servait à boire.

C'est alors qu'éclata la révolte suscitée par un mage. Celui-ci ressemblait beaucoup au frère que Cambyse avait fait mourir. Il prit donc le nom de Smerdis et le titre de roi. La terreur inspirée par les cruautés de Cambyse fit accepter facilement cette usurpation. Cambyse partit aussitôt pour réprimer la révolte ; mais, arrivé en Syrie, il se fit, en montant à cheval, une blessure dont il mourut. D'autres disent qu'il se tua dans un de ses accès. Le faux Smerdis régna paisiblement pendant quelques mois.

CHAPITRE IV

DARIUS (522-501)

I. — Smerdis est détrôné.

Une des femmes du nouveau roi s'aperçut, pendant son sommeil, qu'il n'avait plus d'oreilles. Elle avertit son père et on se souvint qu'autrefois un mage avait subi, pour une faute, l'amputation des oreilles. Bientôt on ne douta plus que Smerdis ne fût un imposteur. Un complot se forma, à la tête duquel se mit un seigneur perse, Darius, de la famille royale des Achéménides. Six autres seigneurs se joignirent à lui. Au jour fixé, ils marchèrent sur le palais et, après avoir massacré les gardes qui veillaient à l'entrée de la chambre royale, ils y pénétrèrent et tuèrent Smerdis et son frère (522). Darius fut alors proclamé roi.

II. — Révoltes dans l'empire.

A peine Darius fut-il monté sur le trône, que des révoltes éclatèrent de toutes parts. Les deux plus redoutables furent celles des Mèdes et des Babyloniens.

En Médie. — En Médie, des aventuriers qui se disaient descendants des anciens rois mèdes, surtout de Cyaxare, soulevèrent le pays et battirent en plusieurs rencontres les troupes de Darius. Mais Darius se mit lui-même à la tête de ses soldats, pénétra en Médie et battit les révoltés près du bourg de Koundourous. L'aventurier, qui avait pris le nom de Phraortes, fut pris et conduit à Ecbatane, où on lui coupa le nez, la langue et les oreilles; on lui creva les yeux et enfin on l'empala.

En Babylonie. — La révolte de Babylone fut réprimée au bout de quelques mois. Un certain Nabuchodonosor, se prétendant lui aussi fils des anciens rois de Chaldée, s'était mis à la tête des révoltés. Darius vint faire le siège de Babylone et, cette ville prise, la paix régna dans tout l'empire.

III. — Gouvernement de Darius.

Cyrus et Cambyse avaient conquis l'empire perse; Darius voulut l'organiser, afin de prévenir les révoltes.

Ayant à gouverner des peuples si divers, il vit bien qu'il ne pouvait leur imposer un gouvernement uniforme. Il laissa donc à tous leur langue, leurs mœurs, leur religion, leurs lois, leurs chefs même. Mais au-dessus des pouvoirs locaux Darius plaça un officier, le *satrape*, dont l'autorité dirigeait tout : le satrape faisait observer les lois, rendait la justice et levait les impôts.

Cependant le satrape avait à ses côtés deux autres officiers, indépendants de lui et nommés directement par le roi. L'un, le *secrétaire royal*, ne semblait qu'un subordonné du satrape ; en réalité il était chargé de le surveiller.

Enfin le *général* commandait les soldats perses, les troupes indigènes et les mercenaires de sa province. Indépendants l'un de l'autre, ces trois officiers n'étaient pas assez puissants pour se révolter et garantissaient l'obéissance de chacun d'eux.

En outre, chaque année, le roi envoyait dans les provinces un officier qu'on nommait l'*œil* ou l'*oreille du roi*. Il devait se faire rendre compte de la situation du pays, examinait tout, réformait les abus et réprimandait au besoin le satrape. Un rapport défavorable pouvait entraîner la dégradation et même la mort du coupable.

Les ordres de Darius se transmettaient d'ailleurs avec rapidité dans tout l'empire. Il avait, en effet, institué une *poste royale* : grâce à ses courriers, il avait en peu de jours des nouvelles de chaque province, et pouvait se porter avec son armée là où sa présence était nécessaire.

IV. — Expédition en Scythie d'Europe.

Malgré l'étendue de son royaume, Darius songea à l'augmenter encore. Dans ce but, il entreprit deux expéditions qui furent le commencement de la décadence de l'empire perse.

La première de ces expéditions fut dirigée contre les Scythes d'Europe. Cette peuplade habitait le sud de la Russie actuelle, depuis l'Ister (*Danube*) jusqu'au delà du Tanaïs (*Don*). Pour passer d'Asie en Europe, Darius jeta sur le Bosphore un pont de bateaux que traversèrent 700,000 soldats. Un pont fut de même jeté sur l'Ister pour pénétrer en Scythie. Les Scythes, trop faibles pour résister, s'enfuirent sur leurs chariots, en détruisant tout, en comblant les puits et les sources. Darius leur demanda en vain de se battre ou de se soumettre ; il fut, à la fin, obligé de revenir par le chemin qu'il avait suivi. Les Scythes alors se mirent à sa poursuite et lui rendirent la retraite très pénible. En approchant du Danube, Darius était très inquiet, se demandant si le pont construit sur ce fleuve existait encore. Il en avait confié la garde à ses alliés, les Grecs Ioniens, en leur recommandant de le détruire, si lui-même ne revenait avant un mois. Heureusement les Ioniens, malgré les sollicitations des Scythes, avaient conservé le pont. Darius le passa, le détruisit et échappa ainsi à la poursuite de ses ennemis.

De cette expédition, Darius ne conserva que la Thrace et les îles d'Imbros et de Lemnos, conquises par ses généraux, Otanès et Mégabyse.

Malgré le peu de succès de cette expédition, Darius en entreprit une seconde contre la Grèce. Il arma une flotte et se mit lui-même à la tête de troupes nombreuses, qui pénétrèrent en Europe par le Bosphore. Sa flotte fut en partie détruite par une tempête près du mont Athos; son armée fut anéantie à Marathon et il rentra en Asie avec quelques soldats à peine.

Xercès, son fils, fut plus malheureux encore dans ses entreprises contre les Grecs. Depuis lors, la puissance de l'empire perse alla en diminuant,

Rampe du palais de Persépolis.

et cent cinquante ans plus tard l'empire lui-même fut détruit par Alexandre le Grand, sous *Darius Codoman.*

CHAPITRE V

RELIGION — MŒURS — ARTS

I. — Religion.

Les légendes des Mèdes et des Perses attribuaient l'établissement de leur religion, le *mazdéisme,* à Zoroastre. Né en Médie, Zoroastre appartenait à la race royale. A l'âge de trente ans, il fut ravi devant Dieu, qui lui apprit que la meilleure des créatures sur la terre était l'homme au cœur pur. Dieu lui remit ensuite l'*Avesta,* livre sacré, exposé de la religion nouvelle.

Les deux dieux. — D'après l'*Avesta,* il existe un dieu suprême, infiniment bon, infiniment sage, infiniment puissant, Ormuz. Mais en face de lui, combattant contre lui, se trouve un dieu aussi méchant qu'Ormuz est bon, Ahriman, qui s'efforce de détruire tout ce qu'il y a de bien et de beau dans l'univers.

Les génies. — Ormuz, dieu bon et créateur des êtres bons, a pour l'aider six génies supérieurs, coopérant à l'administration du monde. Ces six génies sont à leur tour servis par des milliers de génies secondaires.

Pour lutter contre Ormuz et ses serviteurs, Ahriman, créateur des êtres malfaisants, s'était donné six démons, génies des ténèbres et du mal. Ces démons, aidés d'une armée de génies mauvais, contrariaient tout ce que les génies du bien faisaient sur terre.

L'homme devait, pour être juste, travailler à l'œuvre d'Ormuz, en protégeant ses créatures et en détruisant celles d'Ahriman. Parmi les créatures mauvaises, on comptait la grenouille, le serpent, etc.

Chaque homme avait son ange, chargé de le défendre contre les démons.

II. — Culte.

« Les cérémonies du culte étaient simples et peu nombreuses. Ormuz n'avait ni statues, ni temples, ni autels, où s'immolaient les victimes. Mais sur les hauteurs s'élevaient des pyrées, abris où la flamme sacrée était alimentée par des prêtres appelés mages. Vêtus de longues robes blanches, coiffés de hautes tiares, portant dans la main une branche de tamarisque, ces prêtres montaient en procession vers les pyrées, autour desquels ils versaient des libations de lait ou de vin. Ils immolaient aussi le bœuf, la chèvre, la brebis, mais surtout le cheval. Après avoir préparé une sorte de boisson enivrante, ils la distribuaient aux assistants, tuaient la victime et en plaçaient les morceaux, non pas dans le feu, qui en aurait été souillé, mais devant le foyer. La cérémonie se terminait d'ordinaire par un banquet solennel. » (MASPERO.)

Le feu était considéré comme une manifestation de la divinité, et tout ce qui, dans la nature, astres, sources de feu, était un foyer de lumière, était honoré des Perses. De nos jours, cette religion de Zoroastre compte encore des fidèles, les Parsis ou Guèbres. On les rencontre dans l'Inde et dans l'Asie centrale.

III. — Rites funéraires. — Jugement des morts.

L'Avesta interdisait l'inhumation aussi bien que l'incinération des cadavres. Le feu, l'élément pur, ne devait pas se nourrir d'un cadavre, et l'on ne pouvait souiller de son contact la terre, source de vie. On le livrait donc aux vautours, avides de cette horrible nourriture. Les os, une fois dépouillés des chairs, étaient jetés dans des puits soigneusement maçonnés. Hérodote raconte encore que parfois on enveloppait les cadavres de cire avant de les inhumer.

« Après être restée trois jours près du corps, l'âme se rendait au lieu du jugement, où on pesait ses actions, bonnes ou mauvaises... Au sortir du tribunal, on la conduisait au pont Chinvat, jeté sur l'enfer et conduisant au paradis. Impie, elle ne pouvait le franchir et tombait dans l'abîme. Pure, elle passait sans peine, était présentée à Ormuz et recevait la place qu'elle devait occuper jusqu'à la résurrection des corps. » (MASPERO.)

IV. — Arts perses.

Les Perses, passés subitement de l'état presque sauvage à la civilisation, n'eurent pas de littérature originale, d'art vraiment national. Ils empruntèrent aux Babyloniens l'écriture cunéiforme. Les Phéniciens leur fournissaient la pourpre de Tyr; les Egyptiens, leurs étoffes de lin; les Babyloniens, leurs magnifiques broderies.

Le palais perse. — Cependant il faut reconnaître qu'ils ont su composer, avec les éléments grecs, égyptiens et assyriens, une architecture vraiment originale. Les palais royaux de Persépolis, reconstitués par les savants, offrent un aspect à la fois imposant et brillant. Comme les palais de Chaldée ou d'Assyrie, ils s'élevaient sur une terrasse, non plus de briques crues, mais de moellons fort bien agencés. Des escaliers, ornés de bas-reliefs en pierre ou en briques émaillées, donnaient accès à cette terrasse. Sur ces briques, l'émail formant relief représentait le combat du lion ou du taureau, des guerriers armés de l'arc ou de la lance. Mais il fallait aller vite dans la construction du palais, car chaque prince voulait avoir sa demeure à lui et en jouir le plus rapidement possible. L'architecte perse bâtissait donc, lui aussi, en briques crues, revêtues de briques cuites : seules, les portes et autres baies des murs étaient en pierres énormes, qui restent debout maintenant encore avec quelques colonnes. Des taureaux ailés ornaient les portes. Au centre du palais se trouvait la grande salle de réception. Ici, plus de voûte, mais un plafond superbe, soutenu par d'élégantes colonnes, et dont les poutres portaient de beaux ornements de bronze, d'or, d'argent, d'ivoire. Sur les plafonds comme sur les murailles, « la blancheur mate de cette belle

Colonne perse.

matière (l'*ivoire*) se mariait aux luisants du métal, au rouge des stucs, au bleu, au jaune, au vert des émaux, aux teintes plus sombres des bois de luxe, tels que l'ébène, le cèdre, le cyprès. »

Guerriers perses.

(Perrot et Chipiez.) Des dallages multicolores formaient le pavé des salles et des cours. Enfin une charpente solide soutenait le toit en terrasse, et des frontons, ornés de palmettes ou de rosaces de bronze, pendaient des tentures multicolores, destinées à arrêter les rayons du soleil.

QUATRIÈME PARTIE

PHÉNICIENS

I. — Description du pays.

La Phénicie est bornée au nord et à l'est par la Syrie; au sud par la Palestine et à l'ouest par la Méditerranée. Elle n'est qu'une étroite bande de terre, large de huit à dix lieues, située entre le Liban et la mer. Sur les versants des collines et dans les vallées plus rapprochées du littoral croissent l'olivier, la vigne et le blé. Dans les temps anciens, le Liban était couvert de belles forêts de chênes, de mélèzes, de cyprès, de sapins et de cèdres; mais la richesse de ces forêts est maintenant bien diminuée. A part l'Oronte, qui coule du sud au nord et se jette dans le golfe d'Issus, nulle grande rivière, mais seulement des torrents impétueux.

Villes principales. — Les villes principales de la Phénicie étaient : Sidon, port très ancien et célèbre dans l'antiquité; plus au sud, Tyr, colonie de Sidon. Tyr, était bâtie sur un petit îlot, en face d'une autre Tyr (Palæ-Tyros) construite sur le continent et faubourg de la Tyr principale; de cet îlot, elle brava longtemps les armées assyriennes. Tyr et Sidon, avec Aradus, autre colonie de Sidon, fondèrent à elles trois Tripoli. Citons enfin Béryte, qui seule aujourd'hui subsiste encore comme port très florissant, sous le nom de Beyrouth.

II. — Gouvernement.

Toutes ces villes, indépendantes l'une de l'autre, formaient chacune un petit État. Les unes étaient gouvernées par un roi, dont le pouvoir était limité

P. Bineteau del.

par le Conseil des principaux habitants; les autres formaient des républiques.

Souvent ces villes se liguaient en cas de danger pressant; mais elles ne semblent pas avoir formé de confédération permanente. Cependant Sidon, et après Sidon Tyr, ne cessèrent d'exercer dans les affaires phéniciennes une grande influence.

Tyr, gouvernée primitivement par des suffètes, le fut par des rois à partir du temps où David monta sur le trône de Juda. Les plus célèbres de ces rois sont :

Hiram, allié de Salomon, auquel il fournit les bois nécessaires à la construction du temple;

Ithobal, dont la fille Jézabel épousa le roi d'Israël, Achab (887-855);

Pygmalion, sous le règne duquel *Elissar*, sa sœur, fuyant la colère du peuple, fonda Carthage, la plus célèbre des colonies phéniciennes. Elissar est plus connue sous le nom de Didon.

III. — Histoire de la Phénicie.

L'histoire de la Phénicie peut se résumer en quelques mots. Rarement indépendants, les Phéniciens, nous l'avons vu, passèrent tour à tour du joug des Assyriens et des Babyloniens à celui des Egyptiens. Quand Babylone succomba sous les coups de Cyrus en 536, Tyr et la Phénicie passèrent sans combat aux mains des Perses et ne recouvrèrent jamais plus leur indépendance.

IV. — Religion. — Culte.

Divinités phéniciennes. — Nous connaissons peu la religion phénicienne ; nous savons seulement qu'elle était cruelle et honteusement débauchée. Le dieu principal de chaque ville se nommait Baal et prenait le nom de la cité: à Tyr, régnait Baal-Sour; à Sidon, Baal-Sidon, etc. Le plus célèbre et le plus puissant, Baal-Sour, se nommait aussi Melcharch.

Chaque Baal avait une compagne qui, sous les noms divers de Mylitta, d'Astarté, etc., était déesse de la volupté et de la guerre. Elle avait pour symbole le croissant. Dieux et déesses avaient généralement leurs sanctuaires sur les hauteurs.

Culte. — Le culte des Baal était d'une cruauté révoltante. Il exigeait, dans les circonstances solennelles et critiques, non seulement le sacrifice d'animaux, mais encore celui de victimes humaines et surtout d'enfants premiers-nés. « Le roi et les plus nobles citoyens sacrifiaient ceux de leurs enfants que le dieu réclamait ; on les brûlait vifs devant lui et l'odeur de leur chair apaisait sa colère. Le chant des flûtes et le bruit des trompettes couvraient les cris de douleur des victimes et la mère assistait à ce spectacle, impassible et vêtue d'habits de fête. » (MASPERO).

V. — Inventions phéniciennes.

Les Phéniciens se sont rendus célèbres chez les anciens par leurs inventions.

Peuple de marchands, ayant besoin d'une écriture rapide, ils empruntèrent aux Egyptiens leur alphabet si compliqué et le ramenèrent à la plus grande simplicité possible. Cet alphabet, que le Tyrien Cadmus transporta chez les Grecs, se répandit ensuite dans l'Europe entière.

Les Phéniciens inventèrent aussi la manière de teindre les étoffes en pourpre. De deux coquillages qui abondent sur les rivages phéniciens, ils extrayaient une liqueur, et cette liqueur, exposée à la lumière, prenait des tons variés, rouges ou violets, ou rouge sombre. Grâce à certains procédés, les Phéniciens étaient parvenus à fixer les différentes teintes obtenues par eux.

Ils n'inventèrent pas le verre, que les Egyptiens connaissaient longtemps avant eux. Les Phéniciens simplifièrent la manière de le fabriquer et surent les premiers fabriquer le verre blanc translucide. Celui des Egyptiens était un verre opaque et coloré.

VI. — Arts phéniciens.

Les Phéniciens, pas plus que les Perses, n'eurent un art national. Leurs artistes, architectes, bijoutiers ou autres, ne firent que copier les Égyptiens et les Assyriens.

Sarcophage phénicien, au Louvre.

Temples. — Des temples phéniciens, aucun n'a échappé à la destruction. Les petits monuments qui nous restent sont des copies égyptiennes.

Objets divers. — Nous l'avons vu, dès la 18e dynastie, les Phéniciens allaient acheter en Égypte des vases, des bijoux, des armes. Leurs fabriques reproduisaient tous ces objets. Cependant il est facile de distinguer les objets de provenance égyptienne de ceux qui sortent des ateliers phéniciens ; ces derniers se laissent aisément reconnaître soit par les caractères d'une inscription, soit par l'imitation à contre-sens des hiéroglyphes[1].

Plus tard les artistes phéniciens délaissèrent l'Egypte pour copier l'Assyrie[2]. Parfois même ils mêlèrent sur un même objet les ornements égyptiens aux ornements assyriens; il en résulta un art bizarre et sans grande valeur.

VII. — Colonies phéniciennes.

Les Phéniciens furent un peuple de marchands. Les premiers, ils semblent avoir connu l'art de naviguer sur mer. Leurs grandes barques à demi pontées, montées par de hardis marins, ne se contentèrent plus bientôt de longer timidement les côtes, mais s'élancèrent vers la haute mer.

Dès la plus haute antiquité, les navires phéniciens parcouraient la Méditerranée entière; vers le IXe siècle avant Jésus-Christ, quand les Grecs eurent appris à leur tour l'art de construire et de diriger leurs barques, les Phéniciens leur abandonnèrent le commerce de la Méditerranée orientale et ils ne conservèrent que le commerce lointain de la partie occidentale.

Cypre. — Les premiers colons phéniciens s'établirent, dès le XVIIe siècle avant Jésus-Christ, dans l'île de Cypre, fertile en blé, en vignes, mais surtout en métaux. Ils fondèrent Citium[3], Amathonte et Curium, où l'on a retrouvé les plus beaux spécimens de l'art phénicien. De Cypre leurs barques allaient commercer sur toutes les côtes d'Asie Mineure et de Grèce.

[1] Patère de Curium, au musée de New-York.

[2] Coupe de Préneste, au musée Kircher, à Rome.

[3] C'est à Curium qu'a été trouvé le riche trésor d'un temple phénicien : bijoux d'or, d'argent, pierres précieuses, vaisselle d'argent, lampes et ustensiles de bronze. Parmi ces objets, beaucoup sont de provenance égyptienne ou assyrienne.

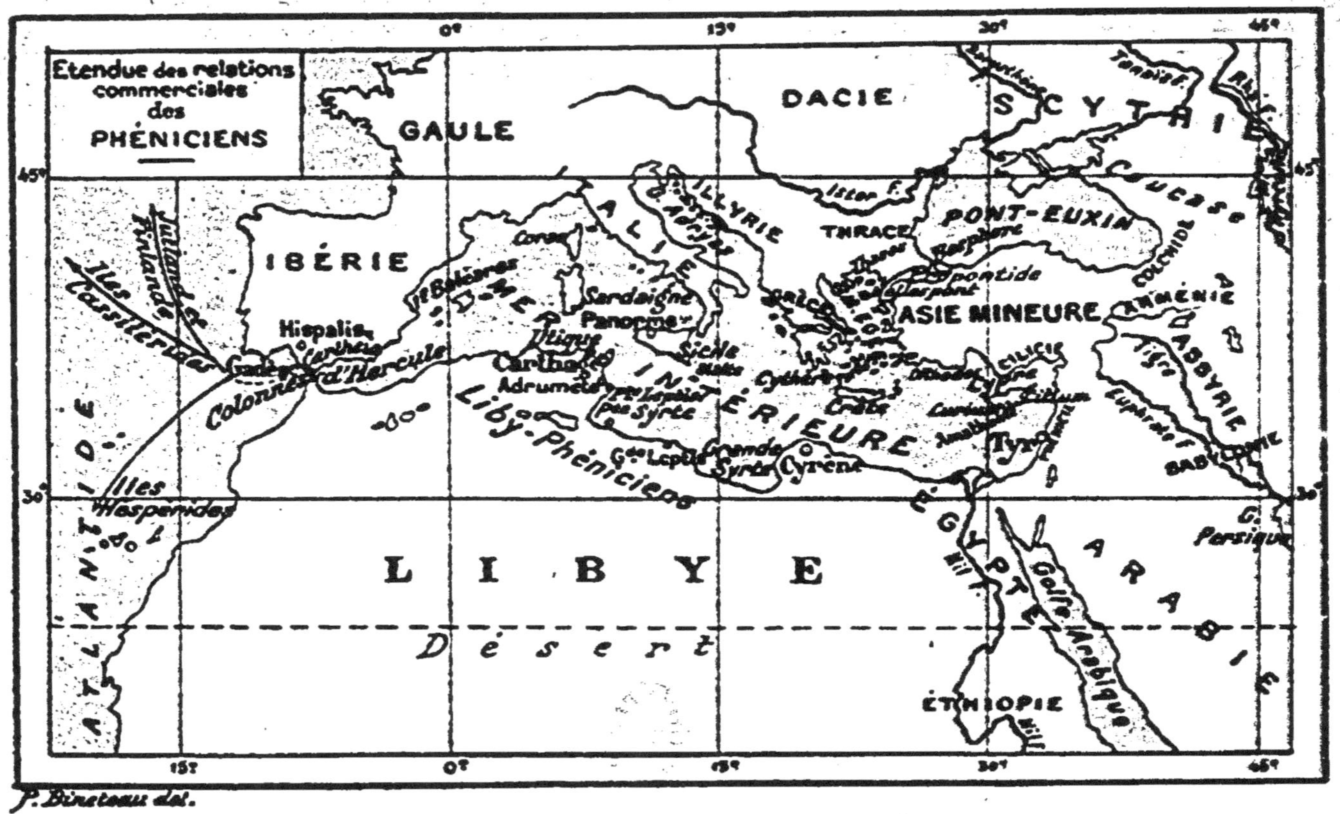

P. Bineteau del.

Sicile. — Mais l'esprit aventureux des Phéniciens les porta à s'enfoncer plus loin vers l'ouest. Ils abordèrent en Sicile, où ils fondèrent Panorme (*Palerme*). La Sicile, placée à mi-chemin entre la Phénicie et les parties extrêmes de la Méditerranée, devint même l'entrepôt des marchandises venues de Tyr ou de Sidon; là venaient s'approvisionner les vaisseaux qui allaient ensuite vendre leur chargement sur les côtes d'Espagne ou d'Afrique.

Sardaigne. — En Sardaigne, les Phéniciens ne fondèrent aucune ville, ils vendaient seulement quelques armes et menus objets aux tribus sauvages de cette île. Cependant on y retrouve de nombreuses constructions que l'on croit devoir leur attribuer.

Espagne. — L'Espagne, au moment où les Phéniciens y abordèrent, produisait des vins exquis et des troupeaux à laine remarquable; l'argent y était très commun. Attirés par ces richesses, les Phéniciens y établirent de nombreuses colonies : Gadès (*Cadix*), Hispalis (*Séville*), Cartheïa (*Carthagène*).

Afrique. — En Afrique, sur les côtes de la Tunisie actuelle, ils fondèrent de nombreux comptoirs, célèbres dans l'antiquité par leur puissance et par leurs richesses; aucun d'eux n'existe plus. C'était Utique, Adrumète, la grande et la petite Leptis, et surtout Carthage, fondée vers 813 avant Jésus-Christ.

Le commerce des Phéniciens dépassa même les colonnes d'Hercule (*Gibraltar*); il s'étendit jusqu'aux Hespérides (*îles Canaries*).

Ils osèrent même, dit-on, remonter vers le nord et venir chercher dans les îles Cassitérides (*Scilly*), à l'ouest du cap Lands'end, l'étain qu'on y trouvait en abondance; sur les côtes du Jutland, jusqu'au golfe de Finlande, l'ambre jaune dont on fabriquait des bijoux.

En même temps des caravanes phéniciennes allaient de tous côtés, en Arabie, en Arménie, en Babylonie, en Egypte, acheter les denrées d'Asie et d'Afrique, et y vendre les produits manufacturés en Phénicie. Les Phéniciens furent donc, on le voit, les commissionnaires et les courtiers du monde connu dans ces temps.

TABLE DES MATIÈRES

CHAPITRE III

Période thébaine (moyen empire).

CHAPITRE IV

Période saïte (nouvel empire).

CHAPITRE V

Religion. — Mœurs. — Institutions.

TROISIÈME PARTIE — MÈDES ET PERSES

CHAPITRE I

Notions préliminaires.

CHAPITRE II

Histoire des Mèdes.

CHAPITRE III

Dynastie perse.

CHAPITRE IV

Darius.

CHAPITRE V

Religion. — Mœurs. — Arts.

QUATRIÈME PARTIE — PHÉNICIENS

25152. — Tours, impr. Mame.